国家工作人员
为什么要向宪法宣誓

宪法宣誓制度与我国宪法

《国家工作人员为什么要向宪法宣誓》编写组　编写

法律出版社
LAW PRESS · CHINA
——北京——

图书在版编目(CIP)数据

国家工作人员为什么要向宪法宣誓：宪法宣誓制度与我国宪法/《国家工作人员为什么要向宪法宣誓》编写组编写. -- 北京：法律出版社，2023

ISBN 978-7-5197-7635-0

Ⅰ. ①国… Ⅱ. ①国… Ⅲ. ①宪法－司法制度－研究－中国 Ⅳ. ①D921.04

中国国家版本馆 CIP 数据核字(2023)第 044963 号

国家工作人员为什么要向宪法宣誓
——宪法宣誓制度与我国宪法
GUOJIA GONGZUO RENYUAN WEISHENME YAO XIANG XIANFA XUANSHI
—XIANFA XUANSHI ZHIDU YU WOGUO XIANFA

《国家工作人员为什么要向宪法宣誓》编写组　编写

策划编辑 沈小英
责任编辑 沈小英
　　　　 刘雪莲
装帧设计 汪奇峰

出版发行 法律出版社
编辑统筹 法治与经济出版分社
责任校对 李慧艳
责任印制 吕亚莉
经　　销 新华书店

开本 710 毫米×1000 毫米 1/16
印张 12.75　**字数** 156 千
版本 2023 年 3 月第 1 版
印次 2023 年 3 月第 1 次印刷
印刷 天津嘉恒印务有限公司

地址：北京市丰台区莲花池西里 7 号(100073)
网址：www.lawpress.com.cn
投稿邮箱：info@lawpress.com.cn
举报盗版邮箱：jbwq@lawpress.com.cn

销售电话：010-83938349
客服电话：010-83938350
咨询电话：010-63939796

书号：ISBN 978-7-5197-7635-0　**定价**：56.00 元

凡购买本社图书，如有印装错误，我社负责退换。电话：010-83938349

胡锦光

中国人民大学法学院教授，法学博士，博士研究生导师。兼任中国法学会宪法学研究会副会长，北京市监察法学研究会会长。荣获首届“全国杰出青年法学家”提名奖、“北京市教学名师”称号。被聘为全国人大常委会法工委备案审查专家委员会委员、最高人民检察院专家咨询委员。

张 翔

北京大学法学院教授，法学博士，博士研究生导师。兼任中国法学会宪法学研究会秘书长。第八届“全国十大杰出青年法学家”、国家“万人计划”领军人才、国家文化名家暨“四个一批”人才。

王 锴

北京航空航天大学法学院长聘教授，法学博士，博士研究生导师。兼任中国法学会宪法学研究会常务理事、北京市监察法学研究会副会长。教育部“青年长江学者”、宝钢优秀教师奖获得者。被聘为全国人大常委会法工委备案审查专家委员会委员、司法部法规规章备案审查专家委员会委员。

王 旭

中国人民大学法学院副院长，法学博士，教授，博士研究生导师。兼任中国法学会宪法学研究会常务理事、海峡两岸法学交流促进会常务理事、北京市监察法学研究会常务副会长兼秘书长。教育部“青年长江学者”，荣获第九届“全国杰出青年法学家”提名奖。被聘为最高人民法院国家责任研究基地秘书长、司法部法规规章备案审查专家委员会委员。

目　录

导　言

自2015年确立宪法宣誓制度以来，国家工作人员在就职时严格按照全国人大常委会《关于实行宪法宣誓制度的决定》公开向宪法进行了宣誓。宪法宣誓不仅仅是国家工作人员的一种就职仪式，更是对国家工作人员在内心必须尊崇宪法、维护宪法权威的一种神圣严肃要求。

在2014年10月党的十八届四中全会上，习近平总书记指出，宪法宣誓制度“有利于彰显宪法权威，增强公职人员宪法观念，激励公职人员忠于和维护宪法，也有利于在全社会增强宪法意识、树立宪法权威”。

全国人大常委会在《关于实行宪法宣誓制度的决定》中，就建立宪法宣誓制度的目的指出：宪法是国家的根本法，是治国安邦的总章程，具有最高的法律地位、法律权威、法律效力。国家工作人员必须树立宪法意识，恪守宪法原则，弘扬宪法精神，履行宪法使命。为彰显宪法权威，激励和教育国家工作人员忠于宪法、遵守宪法、维护宪法，加强宪法实施，实行宪法宣誓制度。

全国人大常委会副委员长王晨在第十三届全国人民代表大会第一次会议上，在《关于〈中华人民共和国宪法修正案（草案）〉的说明》

中指出,“将宪法宣誓制度在宪法中确认下来,有利于促使国家工作人员树立宪法意识、恪守宪法原则、弘扬宪法精神、履行宪法使命,也有利于彰显宪法权威,激励和教育国家工作人员忠于宪法、遵守宪法、维护宪法,加强宪法实施”。

在现行宪法颁行40周年之际,习近平总书记发表重要文章《谱写新时代中国宪法实践新篇章——纪念现行宪法公布施行40周年》,指出:“要完善宪法宣传教育工作格局,深化宪法宣誓、宪法纪念、国家象征和标志等制度的教育功能,推动宪法宣传教育常态化长效化。要抓住领导干部这个关键少数,抓住青少年、网民等重点群体,抓宪法纪念、宪法宣誓、宪法教材建设等重点载体,抓学校、社区、媒体等重点阵地,持续深入开展宪法宣传教育。”“要讲好中国宪法故事,有自信、有志气宣传中国宪法制度、宪法理论的显著优势和强大生命力,有骨气、有底气同一切歪曲、抹黑、攻击中国宪法的错误言行作斗争。”

国家工作人员信仰宪法、尊崇宪法、运用宪法,就必须从学习宪法、了解宪法、理解宪法入手。为了配合国家工作人员宪法宣誓需要,我们编写了本读物。

我国现行宪法的内容非常丰富,本书在内容选择上侧重国家工作人员在进行宪法宣誓时必须掌握的最基本的宪法知识,尽可能采用通俗易懂的语言对相关的宪法知识进行阐述,以便各级国家机关的工作人员理解。

本书作者认为,以下内容是国家工作人员在宪法宣誓前必须掌握的基本知识:(1)国家工作人员宪法宣誓是宪法作为国家根本法地位决定的,那么,为什么说宪法是国家根本法?(2)国家工作人员宪法宣誓是由新时代依法治国首先是依宪治国、依法执政首先是依宪执政决定的,那么,在新时代为什么要特别强调依宪治国、依宪执政?(3)我国现行宪法作为社会主义性质的宪法,在宪法原理上与资本主义国家宪法存在本质上的区别,我们坚决反对和抵制西方“宪政”“三权鼎立”“司法独立”等错误观点,毫不动摇地坚持中国特色社会主义宪法原理,那么,我国现行宪法中所体现的中国特色社会主义宪法原理主要有哪些?(4)我国现行宪法作为社会主义性质的宪法,同时作为适合中国国情的宪法,在宪法制度上与资本主义国家宪法存在本质上的差异,也与其他社会主义国家的宪法存在不同,那么,我国现行宪法中所规定的中国特色社会主义宪法制度主要有哪些?(5)习近平总书记指出,“宪法的生命在于实施,宪法的权威也在于实施”[①]。基于我国社会主义国家的性质,现行宪法中规定了具有中国特色的宪法实施机制和监督制度。那么,我国现行宪法是如何实施的?国家工作人员在宪法实施中能够起到何种作用?我国又是如何监督宪法实施的?

国家工作人员之所以要向宪法宣誓,是由宪法作为国家根本法地位、新时代宪法的重要性决定的,是对国家工作人员必须坚持中国特色社会主义宪法理论、宪法制度,以及宪法实施和监督制度的要求。

① 习近平:《谱写新时代中国宪法实践新篇章——纪念现行宪法公布施行40周年》,载《人民日报》2022年12月20日,第1版。

第一章　我国宪法宣誓制度的建立及其意义

2018年3月17日上午，第十三届全国人大第一次会议在北京人民大会堂举行宪法宣誓仪式。当选的中华人民共和国主席、中华人民共和国中央军事委员会主席习近平左手抚按宪法，右手举拳，庄严宣誓："我宣誓：忠于中华人民共和国宪法，维护宪法权威，履行法定职责，忠于祖国、忠于人民，恪尽职守、廉洁奉公，接受人民监督，为建设富强民主文明和谐美丽的社会主义现代化强国努力奋斗！"这是我国实行宪法宣誓制度以来第一次在全国人民代表大会上举行宪法宣誓仪式。

在亿万人民的瞩目下，当选的国家主席、中央军委主席习近平面对全体人大代表进行宪法宣誓。这是对宪法最庄严的宣誓，是维护宪法尊严的最高表现，也是对人民最神圣的承诺。国家主席、中央军委主席习近平进行宪法宣誓的镜头，让每个领导干部、每个共和国公民，甚至每个孩子，都受到浸润式教育，共同形成一个充盈着宪法至上观念的社会环境。

一、党的十八届四中全会《决定》提出建立宪法宣誓制度

党的十八届四中全会于2014年10月20日至23日在北京召开，在党的历史上首次以全会的形式专题研究部署全面推进依法治国。

全会审议通过的《中共中央关于全面推进依法治国若干重大问题的决定》（以下称党的十八届四中全会《决定》）提出，“建立宪法宣誓制度，凡经人大及其常委会选举或者决定任命的国家工作人员正式就职时公开向宪法宣誓”。这是新中国成立以来，党中央首次提出建立宪法宣誓制度的要求。

党的十八届四中全会《决定》提出建立宪法宣誓制度要求的基本逻辑是：

1. 全面依法治国的必要性和重要性

依法治国，是坚持和发展中国特色社会主义的本质要求和重要保障，是实现国家治理体系和治理能力现代化的必然要求，事关我们党执政兴国，事关人民幸福安康，事关党和国家长治久安。

全面建成小康社会、实现中华民族伟大复兴的中国梦，全面深化改革、完善和发展中国特色社会主义制度，提高党的执政能力和执政水平，必须全面推进依法治国。

我国还处于社会主义初级阶段，全面建成小康社会进入决定性阶段，改革进入攻坚期和深水区，国际形势复杂多变，我们党面对的改革发展稳定任务之重前所未有、矛盾风险挑战之多前所未有，依法治国在党和国家工作全局中的地位更加突出、作用更加重大。面对新形势新任务，我们党要更好统筹国内国际两个大局，更好维护和运用我国发展的重要战略机遇期，更好统筹社会力量、平衡社会利益、调节社会关系、规范社会行为，使我国社会在深刻变革中既生机勃勃又井然有序，实现经济发展、政治清明、文化昌盛、社会公正、生态良好，实现我国和平发展的战略目标，必须更好发挥法治的引领和规范作用。

2. 依法治国首先是依宪治国

宪法是党和人民意志的集中体现，是通过科学民主程序形成的根本法。坚持依法治国首先要坚持依宪治国,坚持依法执政首先要坚持依宪执政。全国各族人民、一切国家机关和武装力量、各政党和各社会团体、各企业事业组织,都必须以宪法为根本的活动准则,并且负有维护宪法尊严、保证宪法实施的职责。一切违反宪法的行为都必须予以追究和纠正。

3. 宪法的生命和权威在于实施

健全宪法实施和监督制度。宪法是国家的根本法。法治权威能不能树立起来,首先要看宪法有没有权威。必须把宣传和树立宪法权威作为全面推进依法治国的重大事项抓紧抓好,切实在宪法实施和监督上下功夫。

4. 宪法实施的关键在于领导干部

各级党组织和领导干部要深刻认识到,维护宪法法律权威就是维护党和人民共同意志的权威,捍卫宪法法律尊严就是捍卫党和人民共同意志的尊严,保证宪法法律实施就是保证党和人民共同意志的实现。各级领导干部要对法律怀有敬畏之心,牢记法律红线不可逾越、法律底线不可触碰,带头遵守法律,带头依法办事,不得违法行使权力,更不能以言代法、以权压法、徇私枉法。

党员干部是全面推进依法治国的重要组织者、推动者、实践者,要自觉提高运用法治思维和法治方式深化改革、推动发展、化解矛盾、维护稳定能力,高级干部尤其要以身作则、以上率下。把法治建设成效作为衡量各级领导班子和领导干部工作实绩重要内容,纳入政绩考核指标体系。把能不能遵守法律、依法办事作为考察干部重要内容,在相同条件下,优先提拔使用法治素养好、依法办事能力强的干部。对特权思想严重、法治观念淡薄的干部要批评教育,不改正的要调离领导岗位。

人大、政府、政协、审判机关、检察机关的党组织和党员干部要坚决贯彻党的理论和路线方针政策，贯彻党委决策部署。各级人大、政府、政协、审判机关、检察机关的党组织要领导和监督本单位模范遵守宪法法律，坚决查处执法犯法、违法用权等行为。

5. 领导干部的宪法意识是保证宪法实施的重要因素

在 2014 年 10 月党的十八届四中全会上，习近平总书记就指出，宪法宣誓制度“有利于彰显宪法权威，增强公职人员宪法观念，激励公职人员忠于和维护宪法，也有利于在全社会增强宪法意识、树立宪法权威”。

法律的权威源自人民的内心拥护和真诚信仰。人民权益要靠法律保障，法律权威要靠人民维护。必须弘扬社会主义法治精神，建设社会主义法治文化，增强全社会厉行法治的积极性和主动性，形成守法光荣、违法可耻的社会氛围，使全体人民都成为社会主义法治的忠实崇尚者、自觉遵守者、坚定捍卫者。

坚持把领导干部带头学法、模范守法作为树立法治意识的关键，完善国家工作人员学法用法制度，把宪法法律列入党委（党组）中心组学习内容，列为党校、行政学院、干部学院、社会主义学院必修课。将每年 12 月 4 日定为国家宪法日。在全社会普遍开展宪法教育，弘扬宪法精神。建立宪法宣誓制度，凡经人大及其常委会选举或者决定任命的国家工作人员正式就职时公开向宪法宣誓。

宪法实施同每一个国家工作人员的工作都密切相关。实行宪法宣誓制度，有利于维护宪法权威，增强公职人员宪法观念，激励公职人员忠于和维护宪法。各级领导干部必须带头尊崇宪法、学习宪法、遵守宪法、维护宪法、运用宪法，树立宪法法律至上、法律面前人人平等的法治理念。

二、全国人大常委会通过专门决定建立了我国宪法宣誓制度

为了落实党的十八届四中全会《决定》建立宪法宣誓制度的要求，同时，从立法上规定宪法宣誓的誓词、形式和程序，全国人大常委会于2015年7月1日通过了《关于实行宪法宣誓制度的决定》(2018年2月24日第十二届全国人大常委会第三十三次会议修订)，以法律的形式建立了我国的宪法宣誓制度。

我国宪法宣誓制度的基本内容是：

1. 建立宪法宣誓制度的目的

宪法是国家的根本法，是治国安邦的总章程，具有最高的法律地位、法律权威、法律效力。国家工作人员必须树立宪法意识，恪守宪法原则，弘扬宪法精神，履行宪法使命。为彰显宪法权威，激励和教育国家工作人员忠于宪法、遵守宪法、维护宪法，加强宪法实施，实行宪法宣誓制度。

2. 宪法宣誓的主体

各级人民代表大会及县级以上各级人民代表大会常务委员会选举或者决定任命的国家工作人员，以及各级人民政府、监察委员会、人民法院、人民检察院任命的国家工作人员，在就职时应当公开进行宪法宣誓。

3. 宣誓誓词

我宣誓：忠于中华人民共和国宪法，维护宪法权威，履行法定职责，忠于祖国、忠于人民，恪尽职守、廉洁奉公，接受人民监督，为建设富强民主文明和谐美丽的社会主义现代化强国努力奋斗！

宪法宣誓的主体虽然在级别、种类、工作任务等方面各不相同，但在忠于宪法、遵守宪法、维护宪法、履行宪法职责的要求上是相同的。因此，宣誓誓词必须是统一的。由全国人大常委会《关于实行宪法宣

誓制度的决定》统一规定誓词，具有法律效力，体现了誓词的严肃性。

4. 宪法宣誓的组织

全国人大选举或者决定任命的中华人民共和国主席、副主席，全国人大常委会委员长、副委员长、秘书长、委员，国务院总理、副总理、国务委员、各部部长、各委员会主任、中国人民银行行长、审计长、秘书长，中华人民共和国中央军事委员会主席、副主席、委员，国家监察委员会主任，最高人民法院院长，最高人民检察院检察长，以及全国人大专门委员会主任委员、副主任委员、委员等，在依照法定程序产生后，进行宪法宣誓。宣誓仪式由全国人大会议主席团组织。

在全国人大闭会期间，全国人大常委会任命或者决定任命的全国人大专门委员会个别副主任委员、委员，国务院部长、委员会主任、中国人民银行行长、审计长、秘书长，中华人民共和国中央军事委员会副主席、委员，在依照法定程序产生后，进行宪法宣誓。宣誓仪式由全国人大常委会委员长会议组织。

全国人大常委会任命的全国人大常委会副秘书长，全国人大常委会工作委员会主任、副主任、委员，全国人大常委会代表资格审查委员会主任委员、副主任委员、委员等，在依照法定程序产生后，进行宪法宣誓。宣誓仪式由全国人大常委会委员长会议组织。

全国人大常委会任命或者决定任命的国家监察委员会副主任、委员，最高人民法院副院长、审判委员会委员、庭长、副庭长、审判员和军事法院院长，最高人民检察院副检察长、检察委员会委员、检察员和军事检察院检察长，中华人民共和国驻外全权代表，在依照法定程序产生后，进行宪法宣誓。宣誓仪式由国家监察委员会、最高人民法院、最高人民检察院、外交部分别组织。

国务院及其各部门、国家监察委员会、最高人民法院、最高人民检察院任命的国家工作人员，在就职时进行宪法宣誓。宣誓仪式由任命机关组织。

地方各级人大及县级以上地方各级人大常委会选举或者决定任命的国家工作人员，以及地方各级人民政府、监察委员会、人民法院、人民检察院任命的国家工作人员，在依照法定程序产生后，进行宪法宣誓。宣誓的具体组织办法由省、自治区、直辖市人大常委会参照全国人大常委会《关于实行宪法宣誓制度的决定》制定，报全国人大常委会备案。

5. 宣誓仪式

宣誓仪式根据情况，可以采取单独宣誓或者集体宣誓的形式。单独宣誓时，宣誓人应当左手抚按宪法，右手举拳，诵读誓词。集体宣誓时，由一人领誓，领誓人左手抚按宪法，右手举拳，领诵誓词；其他宣誓人整齐排列，右手举拳，跟诵誓词。

6. 宣誓场所要求

宣誓场所应当庄重、严肃，悬挂中华人民共和国国旗或者国徽。宣誓仪式应当奏唱中华人民共和国国歌。

7. 具体事项

负责组织宣誓仪式的机关，可以根据全国人大常委会《关于实行宪法宣誓制度的决定》并结合实际情况，对宣誓的具体事项作出规定。

8. 宪法宣誓制度正式实施时间

宪法宣誓制度自 2016 年 1 月 1 日起实施。之所以确定自全国人大常委会《关于实行宪法宣誓制度的决定》公布半年以后才开始施行，主要是考虑给各地区、各部门组织宪法宣誓活动做准备工作，特别是给负有组织宣誓职能的机关制定具体组织办法留出时间。

三、2018 年《宪法修正案》以国家根本法的形式确认了宪法宣誓制度

全国人大于 2018 年通过的《中华人民共和国宪法修正案》(以下简称《宪法修正案》)第 40 条规定,《中华人民共和国宪法》(以下简称《宪法》)第 27 条增加一款,作为第 3 款:"国家工作人员就职时应当依照法律规定公开进行宪法宣誓。"

全国人大常委会副委员长王晨在第十三届全国人大第一次会议上作的《关于〈中华人民共和国宪法修正案(草案)〉的说明》中指出,将宪法宣誓制度在宪法中确认下来,有利于促使国家工作人员树立宪法意识、恪守宪法原则、弘扬宪法精神、履行宪法使命,也有利于彰显宪法权威,激励和教育国家工作人员忠于宪法、遵守宪法、维护宪法,加强宪法实施。

我国法律中关于宣誓制度的规定,此前主要见于《中华人民共和国香港特别行政区基本法》(以下简称《香港特别行政区基本法》)、《中华人民共和国澳门特别行政区基本法》(以下简称《澳门特别行政区基本法》)中。两部基本法分别对特别行政区行政长官、行政机关(政府)的主要官员、行政会议成员(行政会委员)、立法会议员、法官和其他司法人员(检察官)等人员在就职时的宣誓作出了明确规定。例如,《香港特别行政区基本法》第 104 条规定,香港特别行政区行政长官、主要官员、行政会议成员、立法会议员、各级法院法官和其他司法人员在就职时必须依法宣誓拥护中华人民共和国香港特别行政区基本法,效忠中华人民共和国香港特别行政区。

2018 年《宪法修正案》以国家根本法的形式确认宪法宣誓制度,赋予其最高法律效力,基本的考虑包括以下几点。

1.统一各地的宣誓制度

随着社会主义民主法治建设的不断发展,一些部门和地方开始积极探索宪法宣誓制度。有的部门和地方还制定了具体规则,大致有三种情况:一是政府部门组织公务员宣誓;二是司法机关组织法官和检察官宣誓;三是地方人大常委会组织任命的地方国家机关工作人员宣誓。与此同时,人大代表也提出建立宣誓制度的建议。2013 年,党的十八届三中全会通过的《中共中央关于全面深化改革若干重大问题的决定》(以下称党的十八届三中全会《决定》)提出,要进一步健全宪法实施监督机制和程序,把全面贯彻实施宪法提高到一个新水平。2014 年,党的十八届四中全会《决定》明确提出建立宪法宣誓制度。这是加强宪法实施、树立宪法权威、强化公职人员宪法意识的具有开创性的重要举措。党的十八届四中全会《决定》颁布后,一些地方人大常委会为了贯彻落实该决定精神,结合当地国家机关工作人员的任命情况,相继组织开展了宪法宣誓活动。

2.衔接国际惯例

国家公职人员在就职时向宪法宣誓,是世界上多数国家普遍采取的一种制度。据统计,在 193 个有成文宪法的国家中,明确作出相关规定的有 177 个国家。虽然各国关于宪法宣誓的主体、内容、程序的规定不尽相同,但一般都在有关人员开始履行职务之前或就职时举行宣誓。

3.就职时公开宣誓的意义

首先,就职时宣誓有一种仪式感,显得庄严、神圣、庄重。其次,就职时必须先宣誓,意味着宣誓之后正式开始行使权力、履行职责,彰显行使权力的正当性和合法性。最后,公开宣誓意味着宣誓人向作为国家权力所有者的人民以及全社会,甚至向全世界承诺要按照誓词来行使权力、履行职责。

四、建立宪法宣誓制度的意义

1. 宪法宣誓的形式意义

宪法宣誓作为一种庄严的仪式，表明了宪法与宣誓人的关系，即宣誓人的权力来自宪法的赋予，宣誓人在宪法之下。这一关系彰显了宪法至高无上的权威和尊严，有利于树立国家工作人员“国家一切权力属于人民”的权力意识，教育国家工作人员忠于宪法、遵守宪法、维护宪法，加强宪法实施，恪守宪法原则，弘扬宪法精神，履行宪法使命。

一是能够彰显宪法最高法律效力的根本法地位。宪法宣誓是承认宪法的重要性、最高性和根本性的必要机制。宪法宣誓有利于彰显宪法的国家根本法地位，树立宪法的尊严和权威，体现依法执政首先是依宪执政、依法治国关键是依宪治国的价值观。宪法是国家的根本法，是治国安邦的总章程，具有最高的法律地位、法律权威、法律效力。

二是能够体现一切权力属于人民的原则。我们国家的一切权力属于人民。全国人大和地方各级人大由人民通过选举产生，代表人民行使国家权力，并产生其他国家机关，监督其他国家机关；所有国家机关及其工作人员的权力属于人民。宪法宣誓有利于国家工作人员树立一切权力属于人民、行使权力应当接受人民监督、必须始终坚持为人民服务的观念和意识。

三是能够增强国家工作人员履行职务的合法性和正当性。宪法及全国人大常委会《关于实行宪法宣誓制度的决定》要求国家工作人员在就职时公开举行宪法宣誓仪式，具有一种向全社会正式公告的意义。在形式上，保证了就职和履职的合法性、正当性。

四是能够激励国家工作人员履职的宪法使命感。国家工作人员在庄严的场合宣誓效忠宪法，将促其由衷产生神圣的宪法使命感和强烈的宪法责任感，有利于更好地恪守宪法原则，履行宪法使命。

2. 宪法宣誓的实质意义

国家工作人员就职时必须向宪法宣誓，不能将宣誓仅仅理解为一种就职仪式，其实质上是要求国家工作人员从内心尊崇宪法、认同宪法作为国家根本法的地位、理解宪法中所体现的中国特色社会主义宪法理论、掌握宪法中所规定的中国特色社会主义宪法制度、严格依据宪法原则和精神及按照宪法思维行使权力。

有的国家工作人员可能没有系统地阅读过宪法文本，对宪法的基本内容、基本原理、基本原则、基本理念，了解得不够充分，往往把宣誓当作一种走过场的仪式。针对这种情况，习近平总书记在2018年中央政治局第四次集体学习时指出，“要加强宪法学习宣传教育，弘扬宪法精神、普及宪法知识，为加强宪法实施和监督营造良好氛围。宪法法律的权威源自人民的内心拥护和真诚信仰，加强宪法学习宣传教育是实施宪法的重要基础。要在全社会广泛开展尊崇宪法、学习宪法、遵守宪法、维护宪法、运用宪法的宣传教育，弘扬宪法精神，弘扬社会主义法治意识，增强广大干部群众的宪法意识，使全体人民成为宪法的忠实崇尚者、自觉遵守者、坚定捍卫者。要坚持从青少年抓起，把宪法法律教育纳入国民教育体系，引导青少年从小掌握宪法法律知识、树立宪法法律意识、养成遵法守法习惯。要完善国家工作人员学习宪法法律的制度，推动领导干部加强宪法学习，增强宪法意识，带头尊崇宪法、学习宪法、遵守宪法、维护宪法、运用宪法，做尊法学法守法用法的模范”。

国家工作人员是依据宪法和法律行使国家权力的人员，是一个特殊的群体，所以国家工作人员就必须树立宪法意识，恪守宪法原则，弘扬宪法精神，履行宪法使命。

国家工作人员尊崇宪法、遵守宪法、维护宪法、运用宪法的具体表现就是按照宪法思维行使权力。宪法思维的基本要求有：

(1)一切权力属于人民的思维。《宪法》第2条第1款明确规定，中华人民共和国的一切权力属于人民。国家工作人员所掌握的权力是人民通过宪法赋予的，而不是上级给予的，更不是自己私有的。在我国，人民代表大会制度是中国共产党领导人民行使当家作主权利的政权组织形式，是保证国家的一切权力属于人民的根本政治制度。如何更好地以人民为主体、以人民为中心、一切为了人民的利益，是人民代表大会制度发展的出发点和落脚点。一切国家机关及其工作人员必须自觉接受人民代表大会的监督，对其负责。

(2)宪法法律至上的思维。在一个现代、成熟的国家，宪法是一个国家的最高规则，而且是唯一的最高规则，所有的规则都必须符合宪法，形成统一的国家治理规则体系。这样，国家和社会才能形成统一的宪法秩序。因此，必须完善以宪法为核心的中国特色社会主义法律体系；必须通过推进合宪性审查工作，以维护宪法的权威和尊严。法律是依据宪法制定的，是宪法理念、原则、精神、规范内涵的具体化，树立了法律至上，实质上维护了宪法的至上地位。《宪法》第5条规定，国家维护社会主义法制的统一和尊严。一切法律、行政法规和地方性法规都不得同宪法相抵触。一切国家机关和武装力量、各政党和各社会团体、各企业事业组织都必须遵守宪法和法律。一切违反宪法和法律的行为，必须予以追究。任何组织或者个人都不得有超越宪法和法律的特权。

(3)尊重和保障人权的思维。2004年《宪法修正案》将“国家尊重和保障人权”条款载入《宪法》，对于中国共产党和国家都具有里程碑的意义，它标志着尊重和保障人权成为中国共产党的执政理念和国家治理理念。党的十八大以来所确立的新发展理念、“四个全面”战略布局是为了践行这一理念,国家的存在、国家权力的运行是为了践行这一理念,宪法和法律的实施是为了践行这一理念。

(4)权力制约和监督的思维。法谚云:绝对的权力必然导致绝对腐败;一切拥有权力的人都可能滥用权力。除人大及其常委会必须接受人民的监督之外,人大及其常委会必须代表人民有效地监督其他国家机关及其工作人员。在“不能腐”方面,人大及其常委会在制度建设方面应当发挥更大的积极作用;作为专门监督机关的监察委员会和检察院在“不敢腐”方面应当发挥有效的作用;国家机关及其工作人员应当自觉接受人民和社会的监督。

(5)正当程序的思维。正当程序具有诸多价值,包括防止公权力滥用、保护人民的知情权、保护当事人的实体权利、公权力的行使获得正当性和合法性等。国家机关在立法程序、行政程序、司法程序中应当公开、透明,保证人民的知情权、参与权的实现。

(6)平等的思维。社会主义制度的本质在于社会公平正义,社会主义制度的优越性在于社会公平正义。党的十九大报告提出:“增进民生福祉是发展的根本目的。必须多谋民生之利、多解民生之忧,在发展中补齐民生短板、促进社会公平正义,在幼有所育、学有所教、劳有所得、病有所医、老有所养、住有所居、弱有所扶上不断取得新进展,深入开展脱贫攻坚,保证全体人民在共建共享发展中有更多获得感,不断促进人的全面发展、全体人民共同富裕。”在社会主义制度下,平等既要求首先保护社会全体成员的机会平等,同时又要求保护弱者的实质平等。

党的十八大以来,以习近平同志为核心的党中央高度重视法治建设,强调落实全面依法治国基本方略,加快建设社会主义法治国家。

2012 年 12 月 4 日，习近平总书记在首都各界纪念现行宪法公布施行 30 周年大会上的讲话中鲜明地指出："宪法与国家前途、人民命运息息相关。维护宪法权威，就是维护党和人民共同意志的权威。捍卫宪法尊严，就是捍卫党和人民共同意志的尊严。保证宪法实施，就是保证人民根本利益的实现。"党的十八届四中全会《决定》特别强调，"坚持依法治国首先要坚持依宪治国，坚持依法执政首先要坚持依宪执政"。2015 年 2 月 2 日，习近平总书记在省部级主要领导干部学习贯彻党的十八届四中全会精神全面推进依法治国专题研讨班上还提出："我们就是在不折不扣贯彻着以宪法为核心的依宪治国、依宪执政，我们依据的是中华人民共和国宪法。"建立宪法宣誓制度并将其载入宪法，是加强宪法实施，推进全面依法治国的重大举措和制度成果。

宪法宣誓不仅仅是一种庄严的仪式，更重要的是要通过这一仪式，增强领导干部的宪法意识、宪法信仰和宪法观念，使其从内心真正地尊崇宪法，从而自觉地依据宪法行使自己的权力，维护宪法的权威和尊严。习近平总书记在《谱写新时代中国宪法实践新篇章——纪念现行宪法公布施行 40 周年》的署名文章中指出，"要完善宪法宣传教育工作格局，深化宪法宣誓、宪法纪念、国家象征和标志等制度的教育功能，推动宪法宣传教育常态化长效化。要抓住领导干部这个关键少数，抓住青少年、网民等重点群体，抓宪法纪念、宪法宣誓、宪法教材建设等重点载体，抓学校、社区、媒体等重点阵地，持续深入开展宪法宣传教育"。"要讲好中国宪法故事，有自信、有志气宣传中国宪法制度、宪法理论的显著优势和强大生命力，有骨气、有底气同一切歪曲、抹黑、攻击中国宪法的错误言行作斗争"。

信仰宪法、尊崇宪法、运用宪法，就必须从学习宪法、了解宪法、理解宪法入手。

第二章　坚持宪法的国家根本法地位

习近平总书记指出，“必须坚持宪法的国家根本法地位。宪法集中体现了党和人民的统一意志和共同愿望，是国家意志的最高表现形式，具有根本性、全局性、稳定性、长期性。宪法规定的是国家的重大制度和重大事项，在国家和社会生活中具有总括性、原则性、纲领性、方向性。宪法是国家一切法律法规的总依据、总源头，具有最高的法律地位、法律权威、法律效力。只有坚持宪法的国家根本法地位，坚决维护和贯彻宪法规定、原则、精神，才能保证国家统一、法制统一、政令统一”①。

从实质上说，宪法确认了党的意志和党所代表的全体人民的根本利益，确认了中国共产党的领导地位，确认了人民当家作主的主体地位，确认了社会主义国家的性质，确认了保证人民当家作主的人民代表大会制度，确认了各项基本国策，确认了公民的基本权利，确认了保证国家权力运行的国家机构体系等。同时，宪法是人民行使制宪权制定的，我国宪法的修改要由作为最高国家权力机关的全国人大以全体代表的三分之二以上多数通过，因此，宪法具有最广泛的民意基础，具

① 习近平：《谱写新时代中国宪法实践新篇章——纪念现行宪法公布施行40周年》，载《人民日报》2022年12月20日，第1版。

有合法性和正当性。因此,维护宪法权威,就是维护党和人民共同意志的权威;捍卫宪法尊严,就是捍卫党和人民共同意志的尊严;保证宪法实施,就是保证人民根本利益的实现。国家工作人员在就职时要手按宪法进行宣誓,也体现着宪法作为国家根本法的地位。

一、宪法是国家的根本法

习近平总书记指出,"宪法规定的是国家的重大制度和重大事项,在国家和社会生活中具有总括性、原则性、纲领性、方向性。宪法是国家一切法律法规的总依据、总源头,具有最高的法律地位、法律权威、法律效力"①。

宪法是国家的根本法,这是宪法在制度渊源上的地位。

《宪法》"序言"规定,本宪法以法律的形式确认了中国各族人民奋斗的成果,规定了国家的根本制度和根本任务,是国家的根本法,具有最高的法律效力。

"序言"的规定揭示了宪法成为国家根本法的根本原因在于其规定了国家的根本制度和根本任务。《宪法》第 1 条第 2 款规定,社会主义制度是中华人民共和国的根本制度。中国共产党领导是中国特色社会主义最本质的特征。禁止任何组织或者个人破坏社会主义制度。《宪法》"序言"规定,国家的根本任务是,沿着中国特色社会主义道路,集中力量进行社会主义现代化建设。逐步实现工业、农业、国防和科学技术的现代化,推动物质文明、政治文明、精神文明、社会文明、生态文明协调发展,把我国建设成为富强民主文明和谐美丽的社会主义现代化强国,实现中华民族伟大复兴。

习近平总书记于 2012 年 12 月 4 日在首都各界纪念现行宪法公

① 习近平:《谱写新时代中国宪法实践新篇章——纪念现行宪法公布施行 40 周年》,载《人民日报》2022 年 12 月 20 日,第 1 版。

布施行30周年大会上指出,“我国宪法以国家根本法的形式,确立了中国特色社会主义道路、中国特色社会主义理论体系、中国特色社会主义制度的发展成果,反映了我国各族人民的共同意志和根本利益,成为历史新时期党和国家的中心工作、基本原则、重大方针、重要政策在国家法制上的最高体现”。

国家根本法是指宪法规定的内容带有根本性、全局性、稳定性、长期性,一个国家之内的其他所有法律、法规、制度、政策均是以宪法为基础或者依据宪法而制定的。宪法的基本功能就是确定国家生活和社会生活中的根本制度、基本制度和基本原则,从宏观上和总体上规范国家权力运行的规则,规定公民的基本权利和义务。在此基础上,再由立法机关依据宪法的规定、原则和精神,通过制定一般法律、法规使宪法进一步具体化、制度化,从而成为社会实际生活的具体规范。宪法与一般法律的关系是“母法”与“子法”的关系,一般法律是由宪法派生出来的。因此,立法机关在进行日常立法时,必须依据宪法的规定,以宪法的规定为基础。无论一般法律是否明确规定其是依据宪法而制定的,事实上都是依据宪法的规定制定的。例如,《中华人民共和国国家赔偿法》(以下简称《国家赔偿法》)第1条规定:“为保障公民、法人和其他组织享有依法取得国家赔偿的权利,促进国家机关依法行使职权,根据宪法,制定本法。”《宪法》上相应的根据主要是第41条第3款的规定,即“由于国家机关和国家工作人员侵犯公民权利而受到损失的人,有依照法律规定取得赔偿的权利”。有的法律的内容在宪法上可能没有相应的、直接的、明确的规定,但其实际上也是根据宪法的规定而制定的,只不过依据的是宪法的原则和精神或者宪法上的一系列规定。

因此,我国绝大多数法律在第1条明确规定“根据宪法,制定本法”。即使法律第1条没有作出明文规定,其也是依据宪法制定的。“根据宪法,制定本法”的基本含义是:(1)根据宪法的基本精神、基本原则;(2)根据宪法的立法授权;(3)根据宪法规定的立法程序;(4)根据宪法的规范内涵。正如全国人大常委会法工委发言人臧铁伟所指出的,全国人大及其常委会制定、修改的多部法律和法律问题的决定明确“根据宪法”制定,体现了宪法在中国特色社会主义法律体系中的统领作用,也体现了通过完备的法律制度推动宪法实施的鲜明特点。①

1990年4月4日,第七届全国人大第三次会议通过了《香港特别行政区基本法》。同日,第七届全国人大第三次会议还通过《关于〈中华人民共和国香港特别行政区基本法〉的决定》规定:“《中华人民共和国宪法》第三十一条规定:‘国家在必要时得设立特别行政区。在特别行政区内实行的制度按照具体情况由全国人民代表大会以法律规定。’香港特别行政区基本法是根据《中华人民共和国宪法》按照香港的具体情况制定的,是符合宪法的。香港特别行政区设立后实行的制度、政策和法律,以香港特别行政区基本法为依据。”

党的十九届四中全会审议通过的《中共中央关于坚持和完善中国特色社会主义制度　推进国家治理体系和治理能力现代化若干重大问题的决定》(以下称党的十九届四中全会《决定》)对实现国家治理体系和治理能力现代化作出了部署,并确定了目标。国家治理制度体系的载体就是法律体系,因此,国家治理体系现代化必须同时是具有中国特色的社会主义法治体系的现代化。正因如此,该决定特别注重制度的作用,将制度分为根本制度、基本制度、重要制度和其他制度。

① 参见《全国人大常委会法工委:创新宪法实施　法律草案审议中加强合宪性、涉宪性研究》,载百家号网2022年10月24日,https://baijiahao.baidu.com/s?id=1747546958168896826&wfr=spider&for=pc。

我国的根本制度是社会主义制度,这一根本制度的最本质特征是中国共产党的领导。我国的基本制度包括作为根本政治制度的人民代表大会制度,作为基本经济制度的以公有制为主体多种所有制经济共同发展、按劳分配为主体多种分配方式并存、社会主义市场经济体制,作为中国特色的政党制度的共产党领导的多党合作和政治协商制度,作为保证民族平等民族团结的民族区域自治制度,作为保证基层民主的基层群众自治制度等,都是由社会主义制度这一根本制度派生和决定的。其他重要制度,如"一国两制"与特别行政区制度、选举制度、规范性文件的备案审查制度、统筹城乡的民生保障制度、共建共治共享的社会治理制度、生态文明制度体系等,都是由根本制度和基本制度派生和决定的。

党的十八大以来,全国人大及其常委会制定、修改的多部法律和法律问题的决定明确"根据宪法"制定,体现了宪法在中国特色社会主义法律体系中的统领作用,也体现了通过完备的法律制度推动宪法实施的鲜明特点。同时,未来在立法中将尽可能地明确规定"根据宪法,制定本法",以更好地体现宪法作为国家根本法的地位和权威。

二、宪法是最高法

宪法是最高法,这是宪法在法律效力上的地位。

《宪法》第 5 条第 3、4、5 款规定,一切法律、行政法规和地方性法规都不得同宪法相抵触。一切国家机关和武装力量、各政党和各社会团体、各企业事业组织都必须遵守宪法和法律。一切违反宪法和法律的行为,必须予以追究。任何组织或者个人都不得有超越宪法和法律的特权。《中华人民共和国立法法》(以下简称《立法法》)第 87 条规定,宪法具有最高的法律效力,一切法律、行政法规、地方性法规、自治条例和单行条例、规章都不得同宪法相抵触。

我国《宪法》第5条关于宪法具有最高法律效力的规定在世界各国宪法中是最全面的，涵盖了所有的法律文件和社会主体，充分表明了宪法的至上地位和效力：(1)法律等所有的规范性法律文件均在宪法之下；(2)所有的国家机关、社会组织、个人均在宪法之下；(3)必须追究一切违宪行为。宪法的最高法律效力是指在一个国家之内，相对于所有社会主体的行为，宪法的效力是最高的。宪法约束一国之内的所有社会主体，特别是行使国家权力的国家机关。宪法是一个国家和社会的唯一最高规则。在一个法治国家，法律调整着基本的社会关系，即所有的社会主体都被纳入了法律的调整范围。宪法调整的主要对象是国家权力，而国家权力运行的方式主要有两种，即依据宪法制定法律和依据宪法作出具体的宪法行为。因此，宪法的最高法律效力是与法律和直接依据宪法作出的具体宪法行为相较而言的。但国家权力运行的最基本方式是制定法律，同时，在有法律的情况下，社会主体作出行为的直接依据是法律，判断这些行为的依据是法律而不是宪法。所以，在通常情况下，宪法的最高法律效力是与法律相较而言的。不言而喻，一切法律都具有效力，但宪法的效力在所有法律中是最高的。

立法机关制定的法律都具有法律效力，但其前提必须是与宪法相一致，这是保证在一国之内必须具有统一的宪法秩序的需要，也是从根本上保障人权的需要。如果法律的规定与宪法的规定、原则及精神相抵触，要么相抵触的部分无效，要么全部无效，即违反宪法的法律不是法律，当然也就没有法律效力。实际上，除法律以外的法的其他表现形式，与法律一样，也必须以宪法为基础，依据宪法的规定而制定，并不得与宪法的规定相抵触。为了保证宪法的最高法律效力，各国根据本国具体国情，建立了合宪性审查制度，以审查判断法律文件是否与宪法相抵触。合宪性审查机关在认为法律文件违反宪法的情况下，要么直接撤销、废除违反宪法的法律文件，要么在具体案件中拒绝适用违反宪法的法律文件。

例如，2011年某省人大常委会通过《某省道路交通安全条例》规定：因调查交通事故案件需要，公安机关交通管理部门可以查阅或者复制交通事故当事人通信记录，有关单位应当及时、如实、无偿提供，不得伪造、隐匿、转移、销毁。2013年《某自治区实施〈中华人民共和国道路交通安全法〉办法》也作出同样的规定。《宪法》第40条规定，中华人民共和国公民的通信自由和通信秘密受法律的保护。除因国家安全或者追查刑事犯罪的需要，由公安机关或者检察机关依照法律规定的程序对通信进行检查外，任何组织或者个人不得以任何理由侵犯公民的通信自由和通信秘密。根据这一规定，只可在“因国家安全或者追查刑事犯罪的需要”这两种情形下，限制公民的通信自由和通信秘密。调查交通事故既不属于国家安全，也不属于追查刑事犯罪，因此，两地地方性法规的上述规定是违反宪法的，全国人大常委会法工委已按照法定程序要求废除。

又如，有的地方性法规规定，各级各类民族学校应当使用本民族语言文字或者本民族通用的语言文字进行教学；有的地方性法规规定，经本地教育行政部门同意，有条件的民族学校部分课程可以用汉语言文字授课。2020年，国务院有关主管部门对此提出合宪性审查建议，认为地方性法规中的有关规定存在合宪性问题，不利于促进民族交往交流交融。全国人大常委会法工委经审查认为，上述规定与《宪法》第19条第5款关于国家推广全国通用的普通话的规定和《中华人民共和国国家通用语言文字法》（以下简称《国家通用语言文字法》）、《中华人民共和国教育法》（以下简称《教育法》）等有关法律的规定不一致，包括民族地区在内的全国各地区应当全面推行国家通用语言文字教育教学，有关地方性法规中的相关内容应予纠正。经与有关方面沟通，制定机关已经废止有关法规。

再如，最高人民法院司法解释规定，人身损害赔偿案件中，对城镇居民和农村居民分别以城镇居民人均可支配收入和农村居民人均纯收入为标准计算残疾赔偿金和死亡赔偿金。有公民对此提出合宪性审查建议，认为因计算标准不一致导致司法审判实践中出现不公平现象，与宪法有关精神不一致。全国人大常委会经审查认为，随着社会发展进步，国家提出城乡融合发展，城乡发展差距和居民生活水平差距将逐步缩小，城乡居民人身损害赔偿计算标准的差异也应当随之取消。2019 年 9 月，最高人民法院授权各省、自治区、直辖市高级人民法院、新疆生产建设兵团分院开展统一城乡人身损害赔偿标准试点工作。全国人大常委会与最高人民法院沟通，建议在总结试点经验的基础上，适时修改完善人身损害赔偿制度，统一城乡居民人身损害赔偿标准。有关司法解释经修改后自 2022 年 5 月 1 日起实施，残疾赔偿金、死亡赔偿金以及被扶养人生活费统一采用城镇居民标准计算。

三、宪法是治国理政的总章程、总依据

宪法是治国理政的总章程、总依据，这是从宪法在国家治理和社会治理的作用上的定位。

毛泽东同志说："一个团体要有一个章程，一个国家也要有一个章程，宪法就是一个总章程，是根本大法。"①

习近平总书记指出，"宪法集中体现了党和人民的统一意志和共同愿望，是国家意志的最高表现形式，具有根本性、全局性、稳定性、长

① 《毛泽东文集》（第 6 卷），人民出版社 1999 年版，第 328 页。

期性"[①]。2018 年 2 月 24 日,习近平总书记在中共中央政治局第四次集体学习时强调,"宪法是国家根本法,是国家各种制度和法律法规的总依据"。我国宪法是治国理政、治国安邦的总章程。我国宪法以国家根本法的形式,确立了中国特色社会主义道路、中国特色社会主义理论体系、中国特色社会主义制度的发展成果,反映了我国各族人民的共同意志和根本利益,成为历史新时期党和国家的中心工作、基本原则、重大方针、重要政策在国家法制上的最高体现。推动宪法实施,更好发挥宪法在治国理政中的重要作用,为全面建设社会主义现代化国家、全面推进中华民族伟大复兴提供坚实保障。

宪法的内容涉及一个国家的政治、经济、文化、社会、民族关系、对外交往等各个方面的重大原则性问题,涉及一个国家的根本制度和基本制度问题,涉及国家与公民的关系。但法律所规定的内容只涉及国家生活或者社会生活中某一方面的重要问题。宪法基于制宪的基本理念,从根本上体现着人民主权原则、国家权力制约与监督原则、基本人权保障原则和法治原则,从宏观上、总体性地规定限制、合理分配和保障国家权力运行的基本规则,以保障人权。其他法律则是依据宪法的基本原则、基本精神和基本规范,从所调整的具体的社会关系的特点出发,具体地规定着限制、合理分配和保障国家权力运行的规则,以保障人权。

我国现行宪法主要规定了以下内容:

1. 宪法确认了中国共产党的领导地位和对国家事务和社会事务的全面领导。《宪法》"序言"从中国近代历史、新民主主义革命、新中国建设、改革开放的伟大成果及完成建设社会主义现代化强国和实现

① 习近平:《谱写新时代中国宪法实践新篇章——纪念现行宪法公布施行 40 周年》,载《人民日报》2022 年 12 月 20 日,第 1 版。

中华民族伟大复兴目标等维度，论证了中国共产党的领导地位。2018年《宪法修正案》又明确规定，中国共产党领导是中国特色社会主义最本质的特征。社会主义制度是我国的根本制度，而这一根本制度的最本质特征就是中国共产党的领导，基本制度、重要制度和其他制度都是由这一根本制度派生的，由此产生的应有之义是，中国共产党在中国的全面领导地位和作用。

2. 宪法规定了国家的指导思想。《宪法》“序言”规定，我国的指导思想是，马克思列宁主义、毛泽东思想、邓小平理论、“三个代表”重要思想、科学发展观、习近平新时代中国特色社会主义思想。

3. 宪法规定了我国的根本制度。《宪法》第 1 条第 2 款规定，社会主义制度是中华人民共和国的根本制度。中国共产党领导是中国特色社会主义最本质的特征。禁止任何组织或者个人破坏社会主义制度。

4. 宪法规定了我国的根本任务。《宪法》“序言”规定，国家的根本任务是，沿着中国特色社会主义道路，集中力量进行社会主义现代化建设……逐步实现工业、农业、国防和科学技术的现代化，推动物质文明、政治文明、精神文明、社会文明、生态文明协调发展，把我国建设成为富强民主文明和谐美丽的社会主义现代化强国，实现中华民族伟大复兴。

5. 宪法规定了我国的国家性质。《宪法》第 1 条第 1 款规定，中华人民共和国是工人阶级领导的、以工农联盟为基础的人民民主专政的社会主义国家。“序言”规定，社会主义的建设事业必须依靠工人、农民和知识分子，团结一切可以团结的力量。在长期的革命、建设、改革过程中，已经结成由中国共产党领导的，有各民主党派和各人民团体参加的，包括全体社会主义劳动者、社会主义事业的建设者、拥护社会主义的爱国者、拥护祖国统一和致力于中华民族伟大复兴的爱国者的广泛的爱国统一战线，这个统一战线将继续巩固和发展。中国人民政治协商会议是有广泛代表性的统一战线组织，过去发挥了重要的历史作用，今后在国家政治生活、社会生活和对外友好活动中，在进行社会主义现代化建设、维护国家的统一和团结的斗争中，将进一步发挥它的重要作用。中国共产党领导的多党合作和政治协商制度将长期存在和发展。“序言”还规定，在我国，剥削阶级作为阶级已经消灭，但是阶级斗争还将在一定范围内长期存在。中国人民对敌视和破坏我国社会主义制度的国内外的敌对势力和敌对分子，必须进行斗争。

6. 宪法规定了我国的基本经济制度和分配制度。《宪法》第 6 条规定，中华人民共和国的社会主义经济制度的基础是生产资料的社会主义公有制，即全民所有制和劳动群众集体所有制。社会主义公有制消灭人剥削人的制度，实行各尽所能、按劳分配的原则。国家在社会主义初级阶段，坚持公有制为主体、多种所有制经济共同发展的基本经济制度，坚持按劳分配为主体、多种分配方式并存的分配制度。

7. 宪法规定了我国的根本政治制度。《宪法》第 2 条规定：中华人民共和国的一切权力属于人民。人民行使国家权力的机关是全国人民代表大会和地方各级人民代表大会。人民依照法律规定，通过各种途径和形式，管理国家事务，管理经济和文化事业，管理社会事务。第 3 条第 1 ~ 3 款规定，中华人民共和国的国家机构实行民主集中制的原则。全国人民代表大会和地方各级人民代表大会都由民主选举产生，对人民负责，受人民监督。国家行政机关、监察机关、审判机关、检察机关都由人民代表大会产生，对它负责，受它监督。

8. 宪法规定了社会主义精神文明建设。《宪法》第 24 条规定，国家通过普及理想教育、道德教育、文化教育、纪律和法制教育，通过在城乡不同范围的群众中制定和执行各种守则、公约，加强社会主义精神文明的建设。国家倡导社会主义核心价值观，提倡爱祖国、爱人民、爱劳动、爱科学、爱社会主义的公德，在人民中进行爱国主义、集体主义和国际主义、共产主义的教育，进行辩证唯物主义和历史唯物主义的教育，反对资本主义的、封建主义的和其他的腐朽思想。

9. 宪法规定了我国的国家结构形式及中央与地方的关系。《宪法》"序言"规定，中华人民共和国是全国各族人民共同缔造的统一的多民族国家。第 3 条第 4 款规定，中央和地方的国家机构职权的划分，遵循在中央的统一领导下，充分发挥地方的主动性、积极性的原则。

10. 宪法规定了我国处理民族关系的原则和基本制度。《宪法》"序言"规定，平等团结互助和谐的社会主义民族关系已经确立，并将继续加强。在维护民族团结的斗争中，要反对大民族主义，主要是大汉族主义，也要反对地方民族主义。国家尽一切努力，促进全国各民族的共同繁荣。第 4 条规定，中华人民共和国各民族一律平等。国家保障各少数民族的合法的权利和利益，维护和发展各民族的平等团结互助和谐关系。禁止对任何民族的歧视和压迫，禁止破坏民族团结和制造民族分裂的行为。国家根据各少数民族的特点和需要，帮助各少数民族地区加速经济和文化的发展。各少数民族聚居的地方实行区域自治，设立自治机关，行使自治权。各民族自治地方都是中华人民共和国不可分离的部分。各民族都有使用和发展自己的语言文字的自由，都有保持或者改革自己的风俗习惯的自由。

11. 宪法规定了以"一国两制"构想处理历史遗留问题。《宪法》"序言"规定，台湾是中华人民共和国的神圣领土的一部分。完成统一祖国的大业是包括台湾同胞在内的全中国人民的神圣职责。第 31 条规定,国家在必要时得设立特别行政区。在特别行政区内实行的制度按照具体情况由全国人民代表大会以法律规定。第 62 条规定,全国人大决定特别行政区的设立及其制度。

12. 宪法规定了我国的基层群众性自治制度。《宪法》第 111 条规定,城市和农村按居民居住地区设立的居民委员会或者村民委员会是基层群众性自治组织。居民委员会、村民委员会的主任、副主任和委员由居民选举。居民委员会、村民委员会同基层政权的相互关系由法律规定。居民委员会、村民委员会设人民调解、治安保卫、公共卫生等委员会,办理本居住地区的公共事务和公益事业,调解民间纠纷,协助维护社会治安,并且向人民政府反映群众的意见、要求和提出建议。

13. 宪法规定了我国处理国际关系的基本原则。《宪法》"序言"规定,中国革命、建设、改革的成就是同世界人民的支持分不开的。中国的前途是同世界的前途紧密地联系在一起的。中国坚持独立自主的对外政策,坚持互相尊重主权和领土完整、互不侵犯、互不干涉内政、平等互利、和平共处的五项原则,坚持和平发展道路,坚持互利共赢开放战略,发展同各国的外交关系和经济、文化交流,推动构建人类命运共同体;坚持反对帝国主义、霸权主义、殖民主义,加强同世界各国人民的团结,支持被压迫民族和发展中国家争取和维护民族独立、发展民族经济的正义斗争,为维护世界和平和促进人类进步事业而努力。

14. 宪法规定了国家治理和社会治理的基本方略。《宪法》第 5 条第 1 款规定,中华人民共和国实行依法治国,建设社会主义法治国家。

15. 宪法规定了国家治理和社会治理的基本理念。《宪法》第 33 条第 3 款规定,国家尊重和保障人权。

16. 宪法规定了公民的基本权利和义务。《宪法》第 33 条至第 56 条规定了公民的平等权,选举权和被选举权,言论出版集会游行示威等政治自由,宗教信仰自由,人身自由,人格尊严不受侵犯,住宅安全权,通信自由和通信秘密受保护,对国家机关及其工作人员的各种监督权,国家赔偿请求权,劳动权,休息权,退休生活保障权,物资帮助权,受教育权,科学研究及文学艺术创作和其他文化活动的自由,男女平等,母亲及儿童等特殊主体权利保护,华侨及归侨、侨眷的权利保护;同时,规定了公民必须履行的一系列基本义务。

17. 宪法规定了我国的国家机构体系及相互关系。《宪法》规定了全国人大及其常委会、国家主席、国务院、中央军委、地方各级人大和各级政府、民族自治地方的自治机关、监察委员会、人民法院和人民检察院的性质、地位和职权。

18. 宪法规定了我国的国家标志。《宪法》第 141 条规定,中华人民共和国国旗是五星红旗。中华人民共和国国歌是《义勇军进行曲》。第 142 条规定,中华人民共和国国徽,中间是五星照耀下的天安门,周围是谷穗和齿轮。第 143 条规定,中华人民共和国首都是北京。

19. 宪法规定了自身的最高地位和法律效力。《宪法》"序言"规定,本宪法以法律的形式确认了中国各族人民奋斗的成果,规定了国家的根本制度和根本任务,是国家的根本法,具有最高的法律效力。全国各族人民、一切国家机关和武装力量、各政党和各社会团体、各企业事业组织,都必须以宪法为根本的活动准则,并且负有维护宪法尊严、保证宪法实施的职责。第 5 条第 2 ~ 5 款规定,国家维护社会主义法制的统一和尊严。一切法律、行政法规和地方性法规都不得同宪法相抵触。一切国家机关和武装力量、各政党和各社会团体、各企业事业组织都必须遵守宪法和法律。一切违反宪法和法律的行为,必须予以追究。任何组织或者个人都不得有超越宪法和法律的特权。

20. 宪法规定了监督宪法实施的制度。《宪法》第 62 条规定,全国人大监督宪法的实施。第 67 条规定,全国人大常委会监督宪法的实施。第 70 条规定,全国人大设立宪法和法律委员会。

四、宪法是我国人民当家作主的制度安排

宪法是我国人民当家作主的制度安排,是从宪法上制度安排的目的而论的,我国整部宪法的制度安排都是为了保证人民当家作主。

习近平总书记指出,“必须坚持人民当家作主。党领导人民制定和实施宪法,最根本的目的是维护人民利益、反映人民意愿、保障人民权益、增进人民福祉。只有坚持党的领导、人民当家作主、依法治国有机统一,发展全过程人民民主,把以人民为中心的发展思想贯穿立法、执法、司法、守法各个环节,加快完善体现权利公平、机会公平、规则公平的法律制度,保障公民人身权、财产权、人格权和基本政治权利不受侵犯,保障公民经济、文化、社会等各方面权利得到落实,才能确保法律面前人人平等”①。

我国《宪法》第 2 条第 1 款规定,中华人民共和国的一切权力属于人民。宪法的基本内容就是保证人民当家作主的制度安排,即民主制度。2014 年 9 月 5 日,习近平总书记在庆祝全国人民代表大会成立 60 周年大会上强调,“在中国,发展社会主义民主政治,保证人民当家作主,保证国家政治生活既充满活力又安定有序,关键是要坚持党的领导、人民当家作主、依法治国有机统一。人民代表大会制度是坚持党的领导、人民当家作主、依法治国有机统一的根本制度安排”。

现代民主制度主要分为间接民主和直接民主。在我国,人民当家

① 习近平:《谱写新时代中国宪法实践新篇章——纪念现行宪法公布施行 40 周年》,载《人民日报》2022 年 12 月 20 日,第 1 版。

作主主要有两种基本形式：

第一，人民通过选举代表，组成全国人民代表大会和地方各级人民代表大会，由它们代表人民行使国家权力。《宪法》第 2 条第 2 款规定，人民行使国家权力的机关是全国人民代表大会和地方各级人民代表大会。依据民主集中制原则，我国建立了人民代表大会制度。依据这一制度，人民代表大会代表人民行使管理国家的权力，包括立法权、重大问题决定权、任免权、监督权等；代表人民产生其他国家机关，这些国家机关必须接受人民代表大会的监督，对其负责；人民监督人民代表大会及其他国家机关，所有国家机关必须全心全意为人民服务。国家机关实行决策权、执行权、监督权，既有合理分工又有相互协调；在中央统一领导下，充分发挥地方主动性和积极性，保证国家统一高效组织推进各项事业。

2014 年 9 月 5 日，习近平总书记在庆祝全国人民代表大会成立 60 周年大会上强调："60 年的实践充分证明，人民代表大会制度是符合中国国情和实际、体现社会主义国家性质、保证人民当家作主、保障实现中华民族伟大复兴的好制度。邓小平同志曾经说过：'我们实行的就是全国人民代表大会一院制，这最符合中国实际。如果政策正确，方向正确，这种体制益处很大，很有助于国家的兴旺发达，避免很多牵扯。'江泽民同志强调：人民代表大会制度'是我们党长期进行人民政权建设的经验总结，也是我们党对国家事务实施领导的一大特色和优势'。胡锦涛同志也指出：'人民代表大会制度是中国人民当家作主的重要途径和最高实现形式，是中国社会主义政治文明的重要制度载体。'""在中国，发展社会主义民主政治，保证人民当家作主，保证国家政治生活既充满活力又安定有序，关键是要坚持党的领导、人民当家作主、依法治国有机统一。人民代表大会制度是坚持党的领导、人民当家作主、依法治国有机统一的根本制度安排。”

第二，人民直接行使管理国家事务和社会事务的权利。《宪法》第2条第3款规定，人民依照法律规定，通过各种途径和形式，管理国家事务，管理经济和文化事业，管理社会事务。例如，人民有选举权和被选举权，有对国家机关及其工作人员提出批评、建议、检举、控告、申诉的权利，有言论、出版、集会、结社、游行、示威的自由，有参与企业、事业组织、社会团体管理的权利等。

五、宪法是人权保障书

宪法是人权保障书，是从宪法的核心价值而论的。

马克思说，宪法是人权保障书。列宁说，宪法是一张写满人民权利的纸。2004年《宪法修正案》明确增加了“国家尊重和保障人权”条款。这一条款表明，承诺尊重和保障人权是国家的义务，国家的目的在于尊重和保障人权，国家权力存在和运行的目的在于尊重和保障人权。

众所周知，人权保障是宪法的核心价值。习近平总书记在2015年9月16日致“2015·北京人权论坛”的贺信中指出，“中国共产党和中国政府始终尊重和保障人权。长期以来，中国坚持把人权的普遍性原则同中国实际相结合，不断推动经济社会发展，增进人民福祉，促进社会公平正义，加强人权法治保障，努力促进经济、社会、文化权利和公民、政治权利全面协调发展，显著提高了人民生存权、发展权的保障水平，走出了一条适合中国国情的人权发展道路”。

《中国共产党尊重和保障人权的伟大实践》(2021年6月)白皮书中指出，100年来，中国共产党坚持人民至上，坚持将人权的普遍性原则与中国实际相结合，坚持生存权、发展权是首要的基本人权，坚持人民幸福生活是最大的人权，坚持促进人的全面发展，不断增强人民群众的获得感、幸福感、安全感,成功走出了一条中国特色社会主义人权发展道路。其中,第二部分“尊重和保障人权的执政方略”阐述了三个基本前提:(1)尊重和保障人权的宪法原则;(2)尊重和保障人权的执政理念;(3)尊重和保障人权的国家发展规划。①

宪法主要由两部分构成:一部分是公民的基本权利;另一部分是国家机构。公民基本权利部分以清单的方式列举了公民在国家中享有的最基本的权利,以及这些基本权利的保障原则和保障措施,该部分保障人权的目的非常明显。我国宪法规定了作为公民基本权利的平等权、广泛的政治权利和自由、人身自由、私有财产权、受教育权、文化权、科学研究自由、劳动权、休息权、社会保障权、特定主体的权利及特殊主体的权利等。国家机构部分保障人权的目的主要是通过设定国家权力的原则、国家权力分配的原则及国家机关之间的关系而完成的。资本主义国家的宪法主要是按照权力分立原则,在不同国家机关之间进行国家权力分配而试图达到保障人权的目的。社会主义国家宪法按照民主集中制原则,在不同国家机关之间进行国家权力分配以达到保障人权的目的。我国现行宪法以民主集中制原则为基础,建立了人民代表大会制度。这一制度的出发点和归宿就是保证人民当家作主,保障人权。

---

① 参见国务院新闻办公室:《中国共产党尊重和保障人权的伟大实践》,载新华网,http://www.xinhuanet.com/2021-06/24/c_1127593330.htm。

第三章　坚持依法治国首先是依宪治国

习近平总书记指出,“必须坚持依宪治国、依宪执政。我国宪法是我们党长期执政的根本法律依据。只有坚持依宪治国、依宪执政,把党总揽全局、协调各方同人大、政府、政协、监察机关、审判机关、检察机关依法依章程履行职能、开展工作统一起来,把党领导人民制定和实施宪法法律同党坚持在宪法法律范围内活动统一起来,才能保证党领导人民依法有效治理国家”①。

2012 年 12 月 4 日,在首都各界纪念现行宪法公布施行 30 周年大会上,习近平总书记就强调,“依法治国,首先是依宪治国;依法执政,关键是依宪执政。新形势下,我们党要履行好执政兴国的重大职责,必须依据党章从严治党、依据宪法治国理政”。

在 2020 年 11 月举行的中央全面依法治国工作会议上,习近平总书记提出全面依法治国、建设社会主义法治国家的“十一个坚持”。“十一个坚持”构成了习近平法治思想的核心要义和基本内容。其中,第四个“坚持”就是“坚持依宪治国、依宪执政”。

党的十八大以来,以习近平同志为核心的党中央高度重视宪法在

① 习近平:《谱写新时代中国宪法实践新篇章——纪念现行宪法公布施行 40 周年》,载《人民日报》2022 年 12 月 20 日,第 1 版。

治国理政中的重要地位和作用，多次强调“坚持依法治国首先要坚持依宪治国，坚持依法执政首先要坚持依宪执政”，把实施宪法摆在全面依法治国的突出位置，采取一系列有力措施加强宪法实施和监督工作，为保证宪法实施提供了强有力的政治和制度保障。一以贯之注重发挥宪法的重要作用，持之以恒把国家各项事业和各项工作全面纳入依法治国、依宪治国的轨道，为新时代坚持和发展中国特色社会主义提供有力宪法保障。我国国家工作人员宪法宣誓的誓词中，有“忠于中华人民共和国宪法，维护宪法权威，履行法定职责”的表述，正是依宪治国、依宪执政理念的直接体现。

一、依宪治国在依法治国中的核心作用

党的十八届四中全会《决定》指出，依法治国，是坚持和发展中国特色社会主义的本质要求和重要保障，是实现国家治理体系和治理能力现代化的必然要求，事关我们党执政兴国，事关人民幸福安康，事关党和国家长治久安。全面建成小康社会、实现中华民族伟大复兴的中国梦，全面深化改革、完善和发展中国特色社会主义制度，提高党的执政能力和执政水平，必须全面推进依法治国。我国正处于社会主义初级阶段，全面建成小康社会进入决定性阶段，改革进入攻坚期和深水区，国际形势复杂多变，我们党面对的改革发展稳定任务之重前所未有、矛盾风险挑战之多前所未有，依法治国在党和国家工作全局中的地位更加突出、作用更加重大。面对新形势新任务，我们党要更好统筹国内国际两个大局，更好维护和运用我国发展的重要战略机遇期，更好统筹社会力量、平衡社会利益、调节社会关系、规范社会行为，使我国社会在深刻变革中既生机勃勃又井然有序，实现经济发展、政治清明、文化昌盛、社会公正、生态良好，实现我国和平发展的战略目标，必须更好发挥法治的引领和规范作用。

基于对长期以来执政经验的反思和总结，特别是对作为人类国家治理的共同制度文明结晶的借鉴，党的十五大报告明确将依法治国确定为“党领导人民治理国家的基本方略”。1999 年《宪法修正案》将“中华人民共和国实行依法治国，建设社会主义法治国家”载入宪法。党的十八届四中全会专门就全面推进依法治国作出决定，对全面推进依法治国作出了宏观、系统的部署，这在中国共产党历史上尚属首次，表明了中国共产党实行依法治国、建设法治国家的坚定决心、勇气和意志。

依法治国有两项基本标志和要求，即规则之治和良法之治。

1. 宪法在规则之治中的核心作用

规则之治要求一切国家机关及其工作人员、企业事业组织、社会团体及个人都在规则之下、服从规则、严格按照规则办事。规则之治即规则至上。2015 年 2 月 2 日，习近平总书记在省部级主要领导干部学习贯彻党的十八届四中全会精神全面推进依法治国专题研讨班开班式上强调，“领导干部要牢记法律红线不可逾越、法律底线不可触碰，带头遵守法律、执行法律，带头营造办事依法、遇事找法、解决问题用法、化解矛盾靠法的法治环境。谋划工作要运用法治思维，处理问题要运用法治方式，说话做事要先考虑一下是不是合法”。“领导干部要把对法治的尊崇、对法律的敬畏转化成思维方式和行为方式，做到在法治之下、而不是法治之外、更不是法治之上想问题、作决策、办事情”。

规则之治的“规则”主要表现为宪法和法律，而在宪法和法律中，宪法在效力上高于法律，法律只有符合宪法才具有效力。宪法是一个国家和社会的最高规则，而且是唯一的最高规则。规则之治要求所有的社会主体都在宪法下，都必须遵从宪法；所有的规则都必须符合宪法、与宪法相一致，以宪法为依据和基础而形成统一的国家治理规则体系；必须实施宪法、维护宪法至上的权威和尊严。可见，如果宪法不发挥作用，那么规则之治就不可能实现。

2. 宪法在良法之治中的核心作用

良法之治要求规则必须是合理的规则、符合人性的规则，只有按照和服从这样的规则处理问题，才能达到预期的治理目标。党的十八届四中全会《决定》指出，良法是善治之前提。

保证规则是良法包括事前、事中和事后三个阶段。

事前保证。法律文件在制定之前，要根据社会实际需要、按照成熟与否轻重缓急科学制订立法规划；要民主立法，广泛听取各方面的意见和建议，允许社会公众参与。

事中保证。要保证人大主导立法，避免部门立法；人大在立法过程中，要允许人大代表充分发表意见；严格按照立法程序依法立法；法律文件草案一般要公开，征求社会公众的意见和建议。

事后保证。法律文件生效后，要按照法律规定提交相应的国家机关备案审查；要允许国家机关、社会组织及公民个人申请合宪性审查和合法性审查。

判断是否为良法的标准，主要有三个方面，即规则的实施有利于保障人权，规则能够约束执行规则的人，规则能够兼顾不同的利益。众所周知，宪法的核心价值之一是保障人权，宪法的基本功能是规制公权力，宪法是一国之内政治力量对比关系的集中表现。宪法是一个国家最大的、具有最高效力的良法。是否为良法，最终和最高的判断标准是宪法。与法律文件的合法性审查相比较，合宪性审查机制是检验其是否为良法的最终程序。正是这一意义上，要求每一项立法都必须符合宪法精神。

坚持依法治国首先要坚持依宪治国，坚持依法执政首先要坚持依宪执政。此处的“首先”并不是说，国家机关在作出决定、决议时必须首先依据宪法或者引用宪法，而是指国家机关作出决定、决议依据的法律文件首先必须符合宪法的规定、原则和精神，才是有效的法律文件，才能作为依据；一切违反宪法的法律文件都是无效的。可见，宪法如果不发挥作用，规则之治和良法之治都无法实现。

二、宪法在新时代治国理政逻辑结构中的重要性

党的十八大以来党的一系列决定特别是党的十九大报告、党的十九届四中全会《决定》及党的二十大报告，实际上体现了以习近平同志为核心的党中央在新时代治国理政的基本逻辑。其逻辑结构为：

1. 坚持和发展中国特色社会主义，总任务是建设社会主义现代化强国和实现中华民族伟大复兴，在全面建成小康社会的基础上，分两步走在21世纪中叶建成富强民主文明和谐美丽的社会主义现代化强国。

2. 为了完成新时代的总目标和总任务，必须有效解决新时代我国社会主要矛盾即人民日益增长的美好生活需要和不平衡不充分的发展之间的矛盾，同时，国家治理必须适应新时代的社会特征。需要在总结新中国70多年特别是改革开放40多年国家治理经验基础上，构建能够有效解决当前社会主要矛盾的现代化治理体系。

3. 为了解决新时代我国社会主要矛盾、适应新时代的社会特征，必须：(1)不断提高党的执政能力和执政水平；(2)坚持以人民为中心的发展思想，不断促进人的全面发展、全体人民共同富裕；(3)实现国家治理体系和治理能力现代化；(4)贯彻“五位一体”的新发展理念；(5)夺取反腐败斗争的全面胜利；(6)全面从严治党。

4. 为了实现上述目标和任务，必须全面推进依法治国，建设中国

特色社会主义法治体系、社会主义法治国家。只有依法治国，才能提高党的执政能力和执政水平，才能保证社会公平正义的实现，才能保证国家治理现代化的实现，才能保证新发展理念的实现，才能保证反腐败斗争的胜利，才能保证全面从严治党的实现。

2018年8月24日，习近平总书记在中央全面依法治国委员会第一次会议上强调，“全面依法治国具有基础性、保障性作用，在统筹推进伟大斗争、伟大工程、伟大事业、伟大梦想，全面建设社会主义现代化国家的新征程上，要加强党对全面依法治国的集中统一领导，坚持以全面依法治国新理念新思想新战略为指导，坚定不移走中国特色社会主义法治道路，更好发挥法治固根本、稳预期、利长远的保障作用”。

5. 依法治国首先是依宪治国，依法执政首先是依宪执政。要依宪治国就必须全面实施宪法。

6. 要确保宪法的全面有效实施，必须建立监督宪法实施的制度，监督宪法实施的基本方式就是对法律文件进行合宪性审查。党的十八届四中全会《决定》要求，加强备案审查制度和能力建设，把所有规范性文件纳入备案审查范围，依法撤销和纠正违宪违法的规范性文件，禁止地方制发带有立法性质的文件。党的十九大报告指出，加强宪法实施和监督，推进合宪性审查工作，维护宪法权威。习近平总书记在2018年2月24日举行的中共中央政治局第四次集体学习时强调，“要完善宪法监督制度，积极稳妥推进合宪性审查工作，加强备案审查制度和能力建设”。

从这一治国理政的基本逻辑中可以看出，实效性的合宪性审查工作关系到宪法的全面有效实施，而宪法的实施关系到依法治国、建设社会主义法治国家的实现，全面推进依法治国又关系解决新时代主要矛盾、适应具有新时代社会特征的举措的积极推进和实现，这些举措关系新时代主要矛盾的有效解决和新时代社会特征的适应，最终关系中华民族伟大复兴这一总目标的实现。可见，宪法在这一治国理政逻辑结构中起着不可或缺的重要作用。

对于宪法在新时代的重要性，习近平总书记在 2018 年 2 月 24 日中共中央政治局第四次集体学习时强调，“决胜全面建成小康社会、开启全面建设社会主义现代化国家新征程、实现中华民族伟大复兴的中国梦，推进国家治理体系和治理能力现代化、提高党长期执政能力，必须更加注重发挥宪法的重要作用。要坚持党的领导、人民当家作主、依法治国有机统一，加强宪法实施和监督，把国家各项事业和各项工作全面纳入依法治国、依宪治国的轨道，把实施宪法提高到新的水平”。

三、宪法在实现国家治理现代化中的重要性

党的十八届三中全会《决定》要求，全面深化改革的总目标是完善和发展中国特色社会主义制度，推进国家治理体系和治理能力现代化。

党的十九届四中全会《决定》确定，坚持和完善中国特色社会主义制度、推进国家治理体系和治理能力现代化的总体目标是，到我们党成立一百年时，在各方面制度更加成熟更加定型上取得明显成效；到 2035 年，各方面制度更加完善，基本实现国家治理体系和治理能力现代化；到新中国成立一百年时，全面实现国家治理体系和治理能力现代化，使中国特色社会主义制度更加巩固、优越性充分展现。

2020 年 2 月 5 日，习近平总书记在中央全面依法治国委员会第三次会议上指出，“实践证明，通过宪法法律确认和巩固国家根本制度、基本制度、重要制度，并运用国家强制力保证实施，保障了国家治理体系的系统性、规范性、协调性、稳定性”。

无论是国家治理体系现代化还是国家治理能力现代化，任何国家治理都必须依据制度、规则进行。国家治理体系的载体是制度体系，而制度体系的主要表现形式是法律制度；国家治理能力的体现就是执行制度的能力、制度实现的程度，就是能否严格执法、公正司法。习近平总书记指出，“法律是治国之重器，法治是国家治理体系和治理能力的重要依托”①。党的十九大报告明确提出“依法治国是党领导人民治理国家的基本方式”。正如党的十九届四中全会《决定》指出的，坚持改革创新，突出坚持和完善支撑中国特色社会主义制度的根本制度、基本制度、重要制度，着力固根基、扬优势、补短板、强弱项，构建系统完备、科学规范、运行有效的制度体系，加强系统治理、依法治理、综合治理、源头治理，把我国制度优势更好转化为国家治理效能。因此，国家治理现代化首先是国家治理规则的现代化，而现代、成熟国家治理的基本标志是形成统一权威的国家治理规则体系。

众所周知，任何社会都必须有秩序，而秩序的形成和维持均依赖治理规则，没有治理规则即没有秩序。从这一意义上说，一个社会的治理规则是统一的，秩序即是统一的；治理规则是统一的，治理规则就可能是稳定的和确定的，秩序即是稳定的和确定的；治理规则具有权威性并受到尊重，秩序即受到尊重而稳定。反之，一个社会的治理规则是不统一的，秩序即是不统一的；治理规则不统一，治理规则就不可能稳定和确定，秩序也就不可能稳定、确定；治理规则受不到尊重，秩序也就不可能受到尊重而稳定。我国社会目前在治理规则上至少存在三大问题：一是治理规则还不够统一；二是治理规则还不够稳定；三是治理规则的变化还不具有很强的确定性和规律性。正因为治理规

① 习近平：《关于〈中共中央关于全面推进依法治国若干重大问题的决定〉的说明》，载《人民日报》2014 年 10 月 29 日，第 2 版。

则的这些问题,我国社会付出了一定的治理成本。

在我国国家治理规则的现状下,形成统一的、权威的和稳定的国家治理规则体系,是一项艰巨的任务和挑战,但又是一项必须完成的任务。

首先,国家治理规则必须是“单轨制”,而不能是“双轨制”甚至是“多轨制”。在奉行一切权力属于人民的国家,只有由人民选举产生的代表机关,经过法定程序制定的法律文件,才具有法律效力,才具有约束人民的强制力。在我国,宪法、法律、行政法规、监察法规、地方性法规、规章具有这样的特征,只有这些法律文件才具有法律效力,才能成为直接约束人民行为的规范。除此之外的一切文件均不具有法律效力,不能成为直接约束人民行为的规范。换言之,其他文件均必须符合宪法、法律、法规、规章,或者这些文件必须由人民的代表机关经过法定程序转换为体现国家意志的法律文件。因此,要善于使党的主张成为国家意志,基本途径和方式是将党的理论、纲领、路线、方针和政策通过立法程序上升为法律,以法律条款的形式变成国家政权、社会组织和公众行为必须遵循的普遍准则,并通过国家政权机关的贯彻执行使党的主张落地生根,变为全社会的自觉行动。我国《宪法》和《立法法》等法律法规对不同的法律规范的立法程序作出了专门规定,设置法定程序。党的十八届四中全会《决定》提出,“善于使党的主张通过法定程序成为国家意志,善于使党组织推荐的人选通过法定程序成为国家政权机关的领导人员,善于通过国家政权机关实施党对国家和社会的领导,善于运用民主集中制原则维护中央权威、维护全党全国团结统一”。做到如习近平总书记 2015 年 2 月 2 日在省部级主要领导干部学习贯彻党的十八届四中全会精神全面推进依法治国专题研讨班开班式上所说的那样,“谋划工作要运用法治思维,处理问题要运用法治方式，说话做事要先考虑一下是不是合法”。

其次，“单轨制”内部不同的法律文件必须是统一的。所有的法律文件必须符合宪法、以宪法为依据和基础而形成。党的二十大报告明确指出，维护国家法治统一、尊严、权威；完善以宪法为核心的中国特色社会主义法律体系，加强宪法实施和监督；坚持依法治国首先要坚持依宪治国，坚持依法执政首先要坚持依宪执政。

保证治理规则统一性的机制主要有合宪性审查和合法性审查，而最重要、最根本的是合宪性审查机制；保证宪法权威和尊严的机制是宪法的全面有效实施，特别是监督宪法实施的合宪性审查机制。

四、宪法在调整多元利益关系中的重要性

经过40多年的改革开放，我国已经形成了利益多元化社会格局。正如习近平主席2022年12月31日在2023年新年贺词中所说，“中国这么大，不同人会有不同诉求，对同一件事也会有不同看法，这很正常”。

在承认多元利益合法存在的前提下，必须平等保护、尊重这些多元利益，①并建立充分有效的利益表达机制，使不同的利益主体可以通过这些表达机制去反映自己的利益诉求。② 在此基础上，通过民主机制和民主程序制定宪法、法律，由宪法、法律以权利义务的形式去界定多元利益各自的边界，即先由宪法、法律将多元利益的权利义务边界

---

① 党的十八届四中全会《决定》指出，依法保障公民权利，加快完善体现权利公平、机会公平、规则公平的法律制度，保障公民人身权、财产权、基本政治权利等各项权利不受侵犯，保障公民经济、文化、社会等各方面权利得到落实，实现公民权利保障法治化……必须以保护产权、维护契约、统一市场、平等交换、公平竞争、有效监管为基本导向，完善社会主义市场经济法律制度。健全以公平为核心原则的产权保护制度，加强对各种所有制经济组织和自然人财产权的保护，清理有违公平的法律法规条款。

② 党的十八届四中全会《决定》指出，健全立法机关和社会公众沟通机制，开展立法协商，充分发挥政协委员、民主党派、工商联、无党派人士、人民团体、社会组织在立法协商中的作用，探索建立有关国家机关、社会团体、专家学者等对立法中涉及的重大利益调整论证咨询机制。拓宽公民有序参与立法途径，健全法律法规规章草案公开征求意见和公众意见采纳情况反馈机制，广泛凝聚社会共识。

固化,再由宪法、法律去调整多元利益之间的关系,因为宪法、法律是多元利益之间的“平衡器”。唯有如此,才能减少社会矛盾和纠纷。党的十八届四中全会《决定》指出,构建对维护群众利益具有重大作用的制度体系,建立健全社会矛盾预警机制、利益表达机制、协商沟通机制、救济救助机制,畅通群众利益协调、权益保障法律渠道。把信访纳入法治化轨道,保障合理合法诉求依照法律规定和程序就能得到合理合法的结果。

利益的外在表现是权利和自由。改革开放本质上就是简政放权,个人和社会,获得了更多的权利和自由。国家、社会、个人三者的关系表现为权利义务关系。因此,需要以宪法明确三者之间权利义务的界限,各方必须遵守这一边界。即使是国家在限制社会和个人权利时,也必须具有正当的理由及在合理的限度之内。在处理国家、社会、个人三者关系时,必须以宪法规定的权利义务予以界定。

宪法在制度设计时体现了平等原则,规定了作为公民基本权利的平等权,规定了充分的民意表达机制,规定了民主程序和民主机制,还规定了在“多数决原则”下可能出现的“多数任性”的纠错机制,即合宪性审查制度。可以说,宪法是一个国家和社会不同政治力量对比关系的集中体现。我国宪法就是党和人民意志的高度统一,是全体人民根本利益的集中反映。法律也起着平衡和协调不同利益之间关系的作用和功能,处理因利益之间的冲突而引起的矛盾、纠纷,而归根结底,法律是在宪法总的框架内协调不同利益关系的具体化。

五、宪法在完成新时代中心任务中的重要性

鉴于我国改革开放之前贫困落后的局面,党的十一届三中全会作出了准确的判断,即人民日益增长的物质文化生活需要同落后的社会生产之间的矛盾是我国社会当时的主要矛盾。改革开放政策所要完

成的中心任务是解放生产力、发展经济,集中力量进行社会主义现代化建设。社会主义现代化建设主要是经济方面的现代化。因此,提出了"一个中心,两个基本点"的党的基本路线。

经过40多年的改革开放,中国经济社会取得了举世瞩目的伟大成就,而且是持续性的成就,让整个世界刮目相看。由此,党的十九大报告指出,经过长期努力,中国特色社会主义进入了新时代,这是我国发展新的历史方位。而在进入新时代以后,党的中心任务就是团结带领全国各族人民全面建成社会主义现代化强国、实现第二个百年奋斗目标,以中国式现代化全面推进中华民族伟大复兴。要更好完成这一中心任务,必须解决好如下两方面问题。

1. 在现有经济发展的基础上如何进一步实现高质量发展

要保持经济的持续增长,需要改变经济增长模式,转型升级,"腾笼换鸟",由数量型增长转变为质量型增长,而这一切的基本前提是创新。创新是社会永续发展的动力,更是经济发展的永续动力。"中国制造"响彻世界,也遍布世界,而中国生产的产品在世界上独占鳌头、首屈一指的为数较少。正是这一背景下,《中国共产党第十九届中央委员会第五次全体会议公报》要求,坚持创新在我国现代化建设全局中的核心地位,把科技自立自强作为国家发展的战略支撑,面向世界科技前沿、面向经济主战场、面向国家重大需求、面向人民生命健康,深入实施科教兴国战略、人才强国战略、创新驱动发展战略,完善国家创新体系,加快建设科技强国。要强化国家战略科技力量,提升企业技术创新能力,激发人才创新活力,完善科技创新体制机制。

创新的直观概念当然是技术创新,技术创新的源泉在于社会成员的想象力。因此,技术创新的实质并不在于技术本身,而在于保证技术创新的制度,包括知识产权保护制度、财产权保护制度尤其要保护公民的权利自由。创新制度的实质在于能够保证创新的理念。保证创新的制度和理念的意义在于必须使社会成员有足够的发挥想象力的空间。如若公权力不受限制,管制无度,社会成员缺乏自由和权利的空间,则技术创新也就成了“水中月”“镜中花”。因此,以宪法明确公权力的边界,并能够有效地限制公权力,是技术创新的必由之路。

2. 如何提高尊重和保障人权水平

新时代我国社会的主要矛盾是人民日益增长的美好生活需要与不平衡不充分的发展之间的矛盾。“人民日益增长的美好生活需要”,在宪法上可以表述为“人权越来越要受到尊重和保障”。改革开放40多年来,我国经济社会发展、进步的基本标志是人权理论的发展、人权保障制度的发展、人权实践的发展,归根结底是我国人权事业的发展。如何满足人民群众在新时代的这一需求,即如何更好地尊重和保障人权,是新时代的重大命题。宪法的核心价值是尊重和保障人权,只有充分发挥宪法这一功能,才能更好地完成新时代的中心任务。

六、宪法在制度纠错和权利救济中的重要性

在改革开放过程中,个人和社会获得了越来越多的权利和自由,而保障权利和自由的基本方法,或者说,宪法和法律规定权利和自由的模式是在规定权利自由的同时赋予个人当其认为自己的权利自由受到侵害时获得救济的权利。这就是所谓的“有权利就必须有救济”“没有救济的权利并不是权利”。

权利救济可以分为两个相互衔接的层次,即法律救济和宪法救济。所谓法律救济,是指当事人认为自己的法律权利受到侵害时,向提供法律救济的国家机关提出利益诉求,国家机关依据法律文件作出判断,保护当事人的合法权利。依据公权力的公定力原理,法律在制定以后,虽然存在符合宪法和违反宪法两种可能,但为了维护公共利

益和公权力的有效运行，即假定法律是符合宪法的。在当事人并不质疑法律文件的合宪性时，法律即是符合宪法的。法律是宪法的具体化，依据法律为当事人的法律权利提供救济。当事人的法律权利获得保障，其宪法权利也就获得了保障，也就无须为当事人的宪法权利单独再提供宪法救济。在我国，法律救济途径包括调解、仲裁、复议、诉讼等，行政诉讼、民事诉讼、刑事诉讼是我国主要的法律救济途径。

只有当事人的正当权利在法律范畴内无法获得救济时，才需要或者必须为当事人提供宪法救济。需要为当事人提供宪法救济主要有两种情形：(1)作为法律救济依据的法律文件的合宪性存在争议。国家机关倘若依据存在争议的法律文件为当事人提供法律救济，那么该法律救济并不彻底。国家机关必须先依据宪法对法律文件是否符合宪法作出判断，再依据这一判断对当事人之间的权利义务纠纷作出裁判。如此，为当事人提供的权利救济才是彻底的。(2)立法机关在某一领域未依据宪法制定法律文件而争议又是关于公权力行为的争议。在此种情况下，宪法权利未具体化为法律权利，提供法律救济的国家机关无法在法律范畴内为当事人提供有效的法律救济，而只能由提供宪法救济的国家机关为当事人提供宪法救济。

在新时代，中国特色社会主义法律体系已经形成。要发挥宪法在法律体系中的核心作用，其蕴含的重要意义之一，是要以宪法为依据和基准判断宪法以下的法律文件是否符合宪法，即通过推进合宪性审查工作，保证每一项立法都符合宪法精神、维护宪法的权威，真正形成以宪法为核心的社会主义法律体系。

党的十九届四中全会《决定》提出，实现国家治理体系和治理能力现代化，因而更加注重制度的作用。由此，必然引申出一个基本问题，即制度不合理怎么办。我国社会已进入这样一个阶段：面对复杂、激烈的社会矛盾和问题，必须强化法律救济的功能，与此同时，必须强化宪法救济的功能；没有有效的宪法救济，则无法彻底完成解决社会矛盾、问题的功能，无法形成政通人和的局面，也无法保证社会平稳、健康、可持续发展。如前所述，新时代我国法治建设的一个重大挑战是解决制度合理性争议，实现良法之治。只有强化合法性审查和合宪性审查功能，才能保证制度的合理性。其中，最根本的是发挥合宪性审查机制的作用。

宪法救济与制度纠错是一体两面的关系。宪法救济通过制度纠错而达成，制度纠错也就实现了宪法救济。法律文件所设计的制度因种种原因可能出现错误，如在多数决原则下多数人未能兼顾少数人的正当利益，立法时考虑不周延而出现缺漏，因时势变迁而导致制度已不适宜等。在这些情况下，通过宪法救济以及时进行制度纠错，可以避免错误制度造成更大的损害。

1991 年全国人大常委会作出的《关于严禁卖淫嫖娼的决定》[①]规定："对卖淫、嫖娼的，可以由公安机关会同有关部门强制集中进行法律、道德教育和生产劳动，使之改掉恶习。期限为六个月至二年。具体办法由国务院规定。"根据全国人大常委会的授权，国务院于 1993 年颁发《卖淫嫖娼人员收容教育办法》（已失效）。

2018 年全国政协十三届一次会议期间，有全国政协委员提出提案，建议对收容教育制度进行合宪性审查。2019 年第十三届全国人大第二次会议期间，有 30 名全国人大代表联名提出了关于废止收容教育制度的议案。

---

① 该决定于 2009 年修正；2019 年 12 月 28 日，第十三届全国人大常委会第十五次会议通过了《关于废止有关收容教育法律规定和制度的决定》，废止了《关于严禁卖淫嫖娼的决定》第 4 条第 2、4 款，以及据此实行的收容教育制度。

2019 年 11 月 27 日，国务院向全国人大常委会提出《关于提请废止收容教育制度的议案》。2019 年 12 月 28 日，第十三届全国人大常委会第十五次会议通过了《关于废止有关收容教育法律规定和制度的决定》，自 2019 年 12 月 29 日起施行。2020 年 3 月 27 日，时任总理李克强签署国务院令，公布国务院《关于修改和废止部分行政法规的决定》，包括《卖淫嫖娼人员收容教育办法》在内的 10 部行政法规从即日起被废止。

首先，收容教育制度违法。根据《立法法》第 8 条、第 9 条规定，限制人身自由的强制措施和处罚，只能制定法律，不能授权国务院制定行政法规。全国人大常委会《关于严禁卖淫嫖娼的决定》及其对国务院的立法授权不符合《立法法》第 8 条、第 9 条的规定。国务院颁布的《卖淫嫖娼人员收容教育办法》超越了《立法法》规定的权限。同时，收容教育制度还与《中华人民共和国行政处罚法》（以下简称《行政处罚法》）的规定相抵触。根据《行政处罚法》的规定，国务院的行政处罚不得设定限制人身自由的行政处罚。

其次，收容教育制度违反宪法上的法治原则、人权保障原则。与已被废止的收容遣送制度、劳动教养制度相同，违反正当程序。由行政机关决定、程序简单、当事人没有程序性权利。收容教育的期限较长，完全由公安机关决定并执行，与宪法保护公民人身自由规定的精神不一致。同时，收容教育的期限过长、处罚过重，违反过罚相当原则。

收容教育制度的废止，充分体现了宪法在权利救济和制度纠错方面的特定作用和功能。

第四章　坚持中国特色社会主义宪法理论

我国是社会主义国家,又具有特定的国情。因此,必须坚持走中国特色社会主义道路。中国特色社会主义法治道路是中国特色社会主义道路的重要组成部分。坚持走中国特色社会主义法治道路,就必须坚持中国特色社会主义法治理论,包括坚持中国特色社会主义宪法理论。国家工作人员的宪法宣誓,并非纯粹的形式性、程序性仪式,而是有着在思想认识上的实质性要求,也就是要求国家工作人员应当具有宪法意识、宪法观念,这就当然包括要理解和掌握我国现行宪法中所蕴含的中国特色社会主义宪法理论。

一、习近平总书记关于宪法的重要论述

习近平总书记关于宪法的重要论述,构成了一整套科学完备的宪法理论体系,丰富和发展了中国特色社会主义宪法理论和实践。这些重要论述与习近平总书记关于法治建设的其他论述有机融合、相互促进,共同引领新时代依法治国、依宪治国。

一是深刻论述了我国宪法根本的政治原则,这就是坚持党的领导。2018 年 1 月 19 日,习近平总书记在党的十九届二中全会二次全体会议上强调,“宪法是我们党长期执政的根本法律依据。我国宪法确认了中国共产党的执政地位,确认了党在国家政权结构中总揽全

局、协调各方的核心地位，这是中国特色社会主义最本质的特征，是中国特色社会主义制度的最大优势，是社会主义法治最根本的保证”。“我们是中国共产党执政并长期执政，坚持依宪治国、依宪执政，首先就包括坚持宪法确定的中国共产党领导地位不动摇，任何人以任何借口否定中国共产党领导和我国社会主义制度，都是错误的、有害的，都是绝对不能接受的，也是从根本上违反宪法的”。2012 年 12 月 4 日，习近平总书记在首都各界纪念现行宪法公布施行 30 周年大会上指出，“我国宪法以国家根本法的形式，确立了中国特色社会主义道路、中国特色社会主义理论体系、中国特色社会主义制度的发展成果，反映了我国各族人民的共同意志和根本利益”。

二是深刻论述了我国宪法的至上法律地位。2014 年 12 月 3 日，习近平总书记在首个国家宪法日到来之际强调，“宪法是国家的根本法，是治国安邦的总章程，是党和人民意志的集中体现”。2022 年 12 月 20 日，习近平总书记发表署名文章《谱写新时代中国宪法实践新篇章——纪念现行宪法公布施行 40 周年》指出，宪法“是国家意志的最高表现形式”。党的二十大报告指出，“坚持依法治国首先要坚持依宪治国，坚持依法执政首先要坚持依宪执政”。党领导人民制定宪法法律，领导人民实施宪法法律，党自身要在宪法法律范围内活动。这些重要论述，明确了宪法具有的最高法律地位、法律权威、法律效力。这也要求各国家机关都要依照宪法行使权力、履行职责，所有法律法规和制度政策都不得与宪法相抵触，任何组织和个人都必须维护宪法尊严和权威。

三是深刻论述了我国宪法的人民属性，这就是国家一切权力属于人民。习近平总书记在署名文章《谱写新时代中国宪法实践新篇章——纪念现行宪法公布施行 40 周年》中指出，“宪法的根基在于人民发自内心的拥护，宪法的伟力在于人民出自真诚的信仰”。2012 年 12 月 4 日，习近平总书记在首都各界纪念现行宪法公布施行 30 周年大会上强调，“宪法是每个公民享有权利、履行义务的根本保证”，“我国宪法是符合国情、符合实际、符合时代发展要求的好宪法，是充分体现人民共同意志、充分保障人民民主权利、充分维护人民根本利益的好宪法，是推动国家发展进步、保证人民创造幸福生活、保障中华民族实现伟大复兴的好宪法”。

四是深刻论述了我国宪法的独特优势。2018 年 2 月 24 日，习近平总书记在中共中央政治局第四次集体学习时强调，“我国宪法是治国理政的总章程，必须体现党和人民事业的历史进步，必须随着党领导人民建设中国特色社会主义实践的发展而不断完善发展”。国家的根本任务、发展道路、奋斗目标，经济建设、政治建设、文化建设、社会建设、生态文明建设和国家各方面事业在宪法中都有体现、都有要求。

五是深刻论述了我国宪法在国家制度和国家治理体系中的重要作用。宪法是国家根本法，是国家各种制度和法律法规的总依据。宪法以国家根本法的形式，确立了人民民主专政的国体和人民代表大会制度的政体，规定了中国共产党领导的多党合作和政治协商制度、社会主义基本经济制度、民族区域自治制度以及基层群众自治制度，规定了社会主义法治原则、民主集中制原则、尊重和保障人权等一系列制度和重要原则。这就表明，在我国根本制度、基本制度、重要制度之中，宪法居于核心地位。要加快形成以宪法为核心的完备的法律规范体系、高效的法治实施体系、严密的法治监督体系、有力的法治保障体系以及完善的党内法规体系。

六是深刻论述了我国宪法的实施和监督机制。习近平总书记在署名文章《谱写新时代中国宪法实践新篇章——纪念现行宪法公布施行40周年》中指出,“宪法的生命在于实施,宪法的权威也在于实施”。2012年12月4日,习近平总书记在首都各界纪念现行宪法公布施行30周年大会上强调,“全面贯彻实施宪法,是建设社会主义法治国家的首要任务和基础性工作”。监督宪法的实施,是宪法赋予全国人大及其常委会的重要职责。全国人大及其常委会要担负起宪法监督职责,加强对宪法法律实施情况的监督检查,坚决纠正违宪违法行为。有关方面拟出台的法规规章、重要政策和重大举措,有涉及宪法有关规定如何理解、如何适用的,都应当事先经过全国人大及其常委会合宪性审查,确保同宪法规定、宪法精神相符合。

七是深刻论述了我国宪法的实施保障措施。宪法的实施,同每一个国家工作人员的工作都密切相关。2018年2月24日,习近平总书记在中共中央政治局第四次集体学习时强调,“要完善国家工作人员学习宪法法律的制度,推动领导干部加强宪法学习,增强宪法意识,带头尊崇宪法、学习宪法、遵守宪法、维护宪法、运用宪法,做尊法学法守法用法的模范”,“弘扬宪法精神,弘扬社会主义法治意识,增强广大干部群众的宪法意识,使全体人民成为宪法的忠实崇尚者、自觉遵守者、坚定捍卫者”。

二、国家的指导思想

受经济、政治、文化和历史传统等因素的影响,世界各国宪法对其指导思想的规定各不相同。有的国家在宪法文本中虽然没有明确规定指导思想,但是其宪法的制定、修改和实施过程中都体现了一定的指导思想。

社会主义国家普遍重视在宪法中明确规定国家的指导思想问题,一般在宪法文本中直接阐明马克思列宁主义在国家、社会生活中的指导地位。我国宪法始终是在马克思主义指导下制定、修改和实施的。

1949年起临时宪法作用的《中国人民政治协商会议共同纲领》(以下简称《共同纲领》)和1954年新中国第一部《宪法》,其法理基础和指导思想是马克思列宁主义、毛泽东思想。1975年《宪法》写入了马克思主义、列宁主义、毛泽东思想。1978年《宪法》在“序言”中对马克思主义、列宁主义、毛泽东思想的指导地位作了具体表述。改革开放以后颁布的1982年《宪法》,在“序言”中强调必须坚持四项基本原则,写入并深刻阐明了马克思列宁主义、毛泽东思想在国家和社会生活中的指导地位。

根据时代和实践发展的要求,1982年《宪法》于1999年、2004年及2018年的3次修正确认了国家指导思想的与时俱进。1999年《宪法修正案》第12条将邓小平理论作为国家指导思想载入宪法,确立了马克思列宁主义、毛泽东思想和邓小平理论在国家和社会生活中的指导思想地位。2004年《宪法修正案》第18条把“三个代表”重要思想写入宪法,使之同马克思主义、列宁主义、毛泽东思想、邓小平理论一道被确立为国家和社会生活中的指导思想。

2018年《宪法修正案》增加科学发展观、习近平新时代中国特色社会主义思想,将其与马克思列宁主义、毛泽东思想、邓小平理论、“三个代表”重要思想并列作为国家政治和社会生活的指导思想。固化理论成果,确立指导地位,反映了全国各族人民的共同意愿,体现了党的主张和人民意志的统一,明确了全党全国人民为实现中华民族伟大复兴而奋斗的共同思想基础,意义深远。

习近平新时代中国特色社会主义思想,是中国特色社会主义进入新时代的最新理论成果,是当代中国马克思主义、二十一世纪马克思主义,是中华文化和中国精神的时代精华,实现了马克思主义中国化新的飞跃,是我们党和国家开启新征程的指导思想和行动指南。党的十八大以来，中国共产党坚持以马克思列宁主义、毛泽东思想、邓小平理论、“三个代表”重要思想、科学发展观为指导，坚持解放思想、实事求是、与时俱进、求真务实，坚持辩证唯物主义和历史唯物主义，紧密结合新的时代条件和实践要求，以全新的视野深化对共产党执政规律、社会主义建设规律、人类社会发展规律的认识，进行艰辛理论探索，取得重大理论创新成果，形成了习近平新时代中国特色社会主义思想。这一重大思想的核心要义，就是坚持和发展中国特色社会主义，具体体现在它从理论和实践结合上系统回答了新时代坚持和发展什么样的中国特色社会主义、怎样坚持和发展中国特色社会主义这个重大时代课题，回答了新时代坚持和发展中国特色社会主义的总目标、总任务、总体布局、战略布局和发展方向、发展方式、发展动力、战略步骤、外部条件、政治保证等基本问题，并且根据新的实践对经济、政治、法治、科技、文化、教育、民生、民族、宗教、社会、生态文明、国家安全、国防和军队、“一国两制”和祖国统一、统一战线、外交、党的建设等各方面作出理论分析和政策指导，为更好坚持和发展中国特色社会主义提供了思想武器和行动指南。

三、中国共产党的领导与依宪治国、依宪执政

我国宪法确认了中国共产党的领导地位，这是我国宪法最显著的特征，也是我国宪法得到全面贯彻实施的根本保证。只有中国共产党才能坚持立党为公、执政为民，充分发扬民主，领导人民制定出体现人民意志的宪法，领导人民实施宪法，确保我国宪法发展的正确政治方向。

1. 宪法确认了中国共产党的领导地位

中国共产党在中国的领导地位是由中国共产党的先进性决定的，是人民的选择和历史的选择，宪法是人民选择和历史选择的具有最高

法律效力的载体。

关于中国共产党的领导地位,《共同纲领》和我国历部《宪法》规定的基本情况为:(1)《共同纲领》在“序言”中规定“以工人阶级为领导”,没有直接出现“中国共产党领导”的字眼。(2)1954 年《宪法》在“序言”中明确规定了“中国共产党领导”。(3)1975 年《宪法》不仅在“序言”中规定了“中国共产党领导”,而且在正文第 2 条、第 15 条、第 16 条中规定了中国共产党领导,尤其是第 26 条在关于公民的基本权利和义务中规定“公民的基本权利和义务是,拥护中国共产党的领导”。(4)1978 年《宪法》与 1975 年《宪法》的规定模式完全相同。(5)1982 年《宪法》在“序言”中有 4 处明确规定了“中国共产党领导”,在正文中没有直接出现“中国共产党领导”的字眼,只规定了“工人阶级领导”。

世界上绝大多数国家宪法在正文之前通常安排一段称为“序言”的文字,以阐述宪法制定权的来源、制定宪法的目的、宪法的基本原则等不便于以规范的文字表达的内容。我国自 1954 年《宪法》开始,以后的历部宪法都在正文之前设有“序言”部分。我国现行《宪法》“序言”最突出的特点是,从历史的逻辑回答了中国共产党的领导地位是历史的选择这一重大课题。“序言”从中国近代史、中国共产党领导人民进行革命和斗争史、中国共产党领导中国人民进行社会主义建设史、中国共产党领导中国人民进行改革开放史及中国共产党领导中国人民完成中华民族伟大复兴的历史使命等维度,回答了中国为什么必须和只能选择中国共产党领导的这一重大历史命题。

作为宪法制定权主体的中国人民通过制定宪法确认了中国共产党在中国的领导地位。因此,中国共产党的领导地位是中国人民的选择。正如习近平总书记指出的,“中国共产党登上中国历史舞台后,经过艰辛探索和实践，成功在中华大地上制定和实施具有鲜明社会主义性质的宪法、真正意义上的人民宪法，在我国宪法发展史乃至世界宪法制度史上都具有开创性意义，为人类法治文明进步贡献了中国智慧、中国方案”①。

宪法“序言”是宪法的有机组成部分，其修改、通过的程序和正文是完全相同的，毫无疑义，当然全部具有最高法律效力，这就保证了中国共产党领导地位的正当性和合法性。

“序言”的基本功能是指导宪法正文的理解。宪法正文的内容非常丰富，而且正文是以规范的语言表述内容。因此，在理解宪法正文的含义时，就必须从“序言”的规定出发。

2. 宪法确认了中国共产党的全面领导

《宪法》“序言”在回答了中国共产党的领导地位后，还必须回答另一个重要问题，即中国共产党在中国如何实现其对国家事务和社会事务的领导。

习近平总书记强调，“中国共产党领导是中国特色社会主义最本质的特征，是中国特色社会主义制度的最大优势，是党和国家的根本所在、命脉所在，是全国各族人民的利益所系、命运所系”②，深刻揭示党的全面领导与中国特色社会主义的内在关系。强调“党政军民学，东西南北中，党是领导一切的”，“党的领导必须是全面的、系统的、整体的，必须体现到经济建设、政治建设、文化建设、社会建设、生态文明建设和国防军队、祖国统一、外交工作、党的建设等各方面”③，赋予党

① 习近平：《谱写新时代中国宪法实践新篇章——纪念现行宪法公布施行40周年》，载《人民日报》2022年12月20日，第1版。

② 习近平：《在庆祝中国共产党成立100周年大会上的讲话》，载人民网2021年7月1日，http://jhsjk.people.cn/article/32146278。

③ 习近平：《毫不动摇坚持和加强党的全面领导》，载人民网2021年9月15日，http://jhsjk.people.cn/article/32228168。

的全面领导新的时代内涵。强调“新的征程上，我们必须坚持和加强党的全面领导，充分发挥党总揽全局、协调各方的领导核心作用，提高党科学执政、民主执政、依法执政水平”①，为全面提高党的领导科学化水平指明了方向。强调“坚持和加强党的全面领导，首先要维护党中央权威和集中统一领导”②，深刻揭示坚持党的全面领导与维护党中央权威和集中统一领导的内在关系。强调“如果没有中国共产党领导，完成民族独立和解放的任务就可能拖得更久、付出的代价更大”③“没有中国共产党的领导，民族复兴必然是空想”④，深刻阐明党的全面领导是实现中华民族伟大复兴的根本保证。

党的二十大报告要求，坚持和加强党的全面领导。坚决维护党中央权威和集中统一领导，把党的领导落实到党和国家事业各领域各方面各环节，使党始终成为风雨来袭时全体人民最可靠的主心骨，确保我国社会主义现代化建设正确方向，确保拥有团结奋斗的强大政治凝聚力、发展自信心，集聚起万众一心、共克时艰的磅礴力量。

2018 年《宪法修正案》在《宪法》第 1 条第 2 款原规定“社会主义制度是中华人民共和国的根本制度”的基础上增加规定，“中国共产党领导是中国特色社会主义最本质的特征”。社会主义制度是我国的根本制度，我国所有的基本制度、重要制度和其他制度都是由社会主义制度这一根本制度派生的。既然中国共产党的领导是我国根本制度的最本质特征，那么，作为派生的基本制度、重要制度和其他制度中当

---

① 习近平：《在纪念辛亥革命 110 周年大会上的讲话》，载人民网 2021 年 10 月 10 日，http://jhsjk.people.cn/article/32248718。

② 《中共中央政治局召开民主生活会　习近平主持并发表重要讲话》，载人民网 2017 年 12 月 27 日，http://jhsjk.people.cn/article/29730489。

③ 习近平：《在纪念中国人民抗日战争暨世界反法西斯战争胜利 75 周年座谈会上的讲话》，载《人民日报》2020 年 9 月 4 日，第 2 版。

④ 党的十九大报告。

然必须体现中国共产党的领导。《宪法》第 1 条第 2 款新增加的规定，为党的全面领导提供了宪法依据。

3. 中国共产党的领导与宪法的关系

2015 年 2 月 2 日，习近平总书记在省部级主要领导干部学习贯彻党的十八届四中全会精神全面推进依法治国专题研讨班开班式上指出，“中国共产党是中国特色社会主义事业的领导核心，处在总揽全局、协调各方的地位。社会主义法治必须坚持党的领导，党的领导必须依靠社会主义法治。法是党的主张和人民意愿的统一体现，党领导人民制定宪法法律，党领导人民实施宪法法律，党自身必须在宪法法律范围内活动，这就是党的领导力量的体现”。党和法、党的领导和依法治国是高度统一的。我们就是在不折不扣贯彻着以宪法为核心的依宪治国、依宪执政，我们依据的是中华人民共和国宪法。

(1)“党大还是法大”是一个政治陷阱，是一个伪命题。2020 年 11 月 16 日，习近平总书记在中央全面依法治国工作会议上明确提出：“对这个问题，我们不能含糊其辞、语焉不详，要明确予以回答。”党和法、党的领导和依法治国是高度统一的。党和法的关系是一个根本问题，法是党的主张和人民意愿的统一体现，党既领导人民制定宪法法律，也领导人民实施宪法法律，党自身必须在宪法法律范围内活动。

(2)“权大还是法大”才是真命题。2015 年 2 月 2 日，习近平总书记在省部级主要领导干部学习贯彻党的十八届四中全会精神全面推进依法治国专题研讨班开班式上指出，“我们说不存在‘党大还是法大’的问题，是把党作为一个执政整体而言的，是指党的执政地位和领导地位而言的，具体到每个党政组织、每个领导干部，就必须服从和遵守宪法法律，就不能以党自居，就不能把党的领导作为个人以言代法、以权压法、徇私枉法的挡箭牌”；“如果说‘党大还是法大’是一个伪命题,那么对各级党政组织、各级领导干部来说,权大还是法大则是一个真命题”。《宪法》第5条第4款规定,一切国家机关和武装力量、各政党和各社会团体、各企业事业组织都必须遵守宪法和法律。一切违反宪法和法律的行为,必须予以追究。《中国共产党章程》规定,党必须在宪法和法律的范围内活动。人民通过宪法设定和分配国家权力,所有国家机关的权力均来自宪法的授予,宪法为国家机关享有及行使权力提供了合宪性依据。因此,所有国家权力均在宪法之下,都必须服从宪法,必须依据宪法规定、宪法原则和宪法精神行使。

(3)党领导人民制定宪法和法律,党首先要带头尊崇和执行宪法。要善于使党的主张通过法定程序成为国家意志,善于使党组织推荐的人选通过法定程序成为国家政权机关的领导人员,善于通过国家政权机关实施党对国家和社会的领导,支持国家权力机关、行政机关、监察机关、审判机关、检察机关依照宪法和法律独立负责、协调一致地开展工作。要把贯彻宪法法律落实到各级党委决策施策全过程,坚持依法决策、依法施策,守住不与宪法法律相抵触的底线,确保决策施策经得起历史和人民检验。

四、一切权力属于人民

《宪法》第2条规定,中华人民共和国的一切权力属于人民。人民行使国家权力的机关是全国人民代表大会和地方各级人民代表大会。人民依照法律规定,通过各种途径和形式,管理国家事务,管理经济和文化事业,管理社会事务。

众所周知,“人民主权”“主权在民”是资产阶级为了反对封建君主专制制度的基础“君权神授”而提出的资产阶级革命理论。马克思主义思想家也提出了“一切权力属于人民”理论。虽然在表述上,资产阶级和无产阶级都主张国家的一切权力属于人民,而实际上,两者在内涵上完全不同。

1. 权力的来源不同。资产阶级“人民主权”理论的前提理论是社会契约论。按照社会契约论，在承认天赋人权、人人享有自然权利的前提下，每个人自愿从自己的人权中让渡一部分人权而组成国家权力，即国家权力来源于社会共同体每一个人的人权让渡。因此，国家权力当然属于让渡人权的社会共同体的每一个人。无产阶级一切权力属于人民理论的前提是马克思主义暴力革命理论。按照暴力革命理论，“枪杆子里面出政权”，无产阶级只能通过暴力革命、武装斗争才能从资产阶级手里夺取政权。中国共产党带领中国人民通过艰苦卓绝的武装斗争，人民最终才获得了国家政权。

2. 权力的主体不同。按照资产阶级社会契约论，国家权力是由社会共同体中的每一个人自愿让渡自己的人权而来的，因此，国家权力应当属于组成社会共同体的每一个人，每一个人的整体为“人民”。按照马克思主义暴力革命理论，国家权力是由无产阶级在自己的政党领导下通过暴力革命而来，因此，国家权力应当属于社会共同体中在无产阶级政党带领下夺取政权的这一部分人，即“人民”。在无产阶级“一切权力属于人民”理论下，将社会成员区分为“人民”和“敌人”，国家权力属于社会成员中的“人民”，而并不属于全体社会成员。在资产阶级“人民主权”理论下，将社会共同体的全体社会成员称为“人民”，国家权力属于这种意义上的“人民”。很显然，资产阶级“人民主权”理论具有极大的欺骗性，掩盖了国家权力的阶级属性和本质。

3. 权力实现的核心要义不同。在资产阶级“人民主权”理论下，认为国家权力属于全体社会成员，因此，在宪法和法律规定的制度设计层面，表面和形式上似乎对所有社会成员都是平等的、一视同仁的。在无产阶级“一切权力属于人民”理论下，认为国家权力属于社会成员中的“人民”而不属于全体社会成员,更不属于社会成员中的“敌人”。因此,在宪法和法律规定的制度设计层面,必须保证人民能够牢牢掌握国家权力,对敌人采取打击和斗争的方法,而对敌人进行打击和斗争的目的仍然是保证人民能够牢牢掌握国家权力。

五、全过程人民民主理论

宪法的基本功能是保证统治阶级民主权利的实现。资产阶级宪法和无产阶级宪法都是如此。毛泽东同志说,“讲到宪法,资产阶级是先行的。英国也好,法国也好,美国也好,资产阶级都有过革命时期,宪法就是他们在那个时候开始搞起的”①。可见,资产阶级通过革命获得了资产阶级民主的事实,再以宪法予以确认,成为法律意义上的资产阶级民主制度。无产阶级通过革命获得民主事实,再以宪法予以确认,成为法律意义上的无产阶级民主制度。

民主是人类社会共同追求的政治理念和价值准则。全过程人民民主是对西方选举民主、一人一票式民主的超越。

2019 年 11 月 2 日,习近平总书记在上海市长宁区虹桥街道古北市民中心考察社区治理和服务情况时强调,“我们走的是一条中国特色社会主义政治发展道路,人民民主是一种全过程的民主,所有的重大立法决策都是依照程序、经过民主酝酿,通过科学决策、民主决策产生的”。

党的十八大以来,党深化对中国民主政治发展规律的认识,提出全过程人民民主重大理念并大力推进,民主价值和理念进一步转化为科学有效的制度安排和具体现实的民主实践。全过程人民民主,实现了过程民主和成果民主、程序民主和实质民主、直接民主和间接民主、人民民主和国家意志相统一,是全链条、全方位、全覆盖的民主,是最

---

① 《毛泽东文集》(第 6 卷),人民出版社 1999 年版,第 326 页。

广泛、最真实、最管用的社会主义民主。

习近平总书记指出,“必须坚持人民当家作主。党领导人民制定和实施宪法,最根本的目的是维护人民利益、反映人民意愿、保障人民权益、增进人民福祉。只有坚持党的领导、人民当家作主、依法治国有机统一,发展全过程人民民主,把以人民为中心的发展思想贯穿立法、执法、司法、守法各个环节,加快完善体现权利公平、机会公平、规则公平的法律制度,保障公民人身权、财产权、人格权和基本政治权利不受侵犯,保障公民经济、文化、社会等各方面权利得到落实,才能确保法律面前人人平等”①。

全过程人民民主是中国共产党领导社会主义民主政治建设的一条基本经验,也是中国式民主道路的核心特征,集中反映了我们党对社会主义民主政治建设的规律性思考与实践成就。全过程人民民主是人民民主的全面性与过程性的统一。所谓民主的全面性,是指民主主体的广泛性、民主范围的全覆盖、全链接;所谓民主的过程性,是指民主实践的完整性、连续性,民主目标的有效性。

2021 年 12 月 4 日国务院新闻办公室发表的《中国的民主》白皮书指出:

民主是历史的、具体的、发展的,各国民主植根于本国的历史文化传统,成长于本国人民的实践探索和智慧创造,民主道路不同,民主形态各异。评价一个国家政治制度是不是民主的、有效的,主要看国家领导层能否依法有序更替,全体人民能否依法管理国家事务和社会事务、管理经济和文化事业,人民群众能否畅通表达利益要求,社会各方面能否有效参与国家政治生活,国家决策能否实现科学化、民主化,各

① 习近平:《谱写新时代中国宪法实践新篇章——纪念现行宪法公布施行 40 周年》,载《人民日报》2022 年 12 月 20 日,第 1 版。

方面人才能否通过公平竞争进入国家领导和管理体系,执政党能否依照宪法法律规定实现对国家事务的领导,权力运用能否得到有效制约和监督。

民主不是装饰品,不是用来做摆设的,而是要用来解决人民需要解决的问题的。一个国家民主不民主,关键在于是不是真正做到了人民当家作主,要看人民有没有投票权,更要看人民有没有广泛参与权;要看人民在选举过程中得到了什么口头许诺,更要看选举后这些承诺实现了多少;要看制度和法律规定了什么样的政治程序和政治规则,更要看这些制度和法律是不是真正得到了执行;要看权力运行规则和程序是否民主,更要看权力是否真正受到人民监督和制约。

中国共产党的领导,是中国发展全过程人民民主的根本保证。在中国这样一个大国,真正把 14 亿多人民的意愿表达好、实现好并不容易,必须有坚强有力的统一领导。中国共产党始终坚持以人民为中心、坚持人民主体地位,真正为人民执政、靠人民执政;充分发挥总揽全局、协调各方的领导核心作用,保证党领导人民有效治理国家,保证人民民主的理念、方针、政策贯彻到国家政治生活和社会生活的方方面面;坚持一切为了群众,一切依靠群众,从群众中来,到群众中去的群众路线,密切同人民群众的联系,凝聚起最广大人民的智慧和力量;坚持党内民主,实行民主选举、民主决策、民主管理、民主监督,带动和促进人民民主的发展;健全选人用人制度机制,使各方面优秀人才进入党的领导体系和国家治理体系,确保党和国家的领导权掌握在忠于马克思主义、忠于党、忠于人民的人手中;坚持依法执政、依法治国,领导立法、保证执法、支持司法、带头守法,通过法治保障党的政策有效实施、保障人民当家作主。

全过程人民民主涵盖了选举民主和治理民主两个领域,贯穿人民参与政治生活的整个过程。全过程人民民主不仅强调选举过程的人民参与投票,也强调选举之后的日常社会治理过程中的人民参与,有效保证最广大人民尽可能最广泛参与各个领域各个方面的国家治理和社会治理。

全过程人民民主不仅强调立法过程的人民民主,也强调执法、司法过程的人民民主。全过程人民民主不仅努力让人民群众对每一项立法感到满意,也努力让每一项执法决定、每一个司法案件中都让人民感受到公平正义。

全过程人民民主不仅强调民主而且强调法治。法治是全过程人民民主的重要载体。全过程人民民主与全面依法治国相辅相成。

全过程人民民主通过科学有效的制度安排加以实现。主要有:(1)实行人民民主专政的国体;(2)实行人民代表大会制度的政体;(3)坚持和完善中国共产党领导的多党合作和政治协商制度;(4)巩固和发展最广泛的爱国统一战线;(5)坚持和完善民族区域自治制度;(6)坚持和完善基层群众自治制度。党的二十大报告要求,我们要健全人民当家作主制度体系,扩大人民有序政治参与,保证人民依法实行民主选举、民主协商、民主决策、民主管理、民主监督,发挥人民群众积极性、主动性、创造性,巩固和发展生动活泼、安定团结的政治局面。

六、人民民主专政原理

《宪法》第1条规定,中华人民共和国是工人阶级领导的、以工农联盟为基础的人民民主专政的社会主义国家。社会主义制度是中华人民共和国的根本制度,中国共产党领导是中国特色社会主义最本质的特征。禁止任何组织或者个人破坏社会主义制度。党的二十大报告也明确指出,我国是工人阶级领导的、以工农联盟为基础的人民民主专政的社会主义国家,国家一切权力属于人民。

国家性质即国体问题，是宪法必须解决的首要问题和本质问题。宪法在实质上是一个国家以阶级力量对比关系为基础的政治力量对比关系的集中反映和体现。宪法是由占据统治地位的阶级为主导制定和修改的，反映了统治阶级的意志。毛泽东同志在《中国社会各阶级的分析》中一针见血地提出，谁是我们的敌人？谁是我们的朋友？这个问题是革命的首要问题。而在革命胜利之后，什么阶级是统治阶级、什么阶级是被统治阶级、什么阶级是统治阶级的友好阶级，同样是必须首先确定的问题。任何国家的宪法实际上都反映了这样一种阶级关系、统治关系。

毛泽东同志在《新民主主义论》中鲜明地指出，“这个国体问题，从前清末年起，闹了几十年还没有闹清楚。其实，它只是指的一个问题，就是社会各阶级在国家中的地位。资产阶级总是隐瞒这种阶级地位，而用‘国民’的名词达到其一阶级专政的实际。这种隐瞒，对于革命的人民，毫无利益，应该为之清楚地指明。‘国民’这个名词是可用的，但是国民不包括反革命分子，不包括汉奸。一切革命的阶级对于反革命汉奸们的专政，这就是我们现在所要的国家”①。

人民民主专政作为我国的国体，是当代中国社会发展进步的根本政治前提和制度基础。人民民主专政既具有无产阶级专政的本质特征，又具有鲜明的中国特色，是对马克思主义无产阶级专政理论的丰富和发展。建立和坚持人民民主专政，是中国特色社会主义民主政治建设的一项基本理论和基本实践。

习近平总书记要求，“坚持宪法确定的人民民主专政的国体和人

① 《毛泽东选集》(第2卷)，人民出版社2006年版，第676页。

民代表大会制度的政体不动摇”①。实行人民民主专政的国体,是中国共产党把马克思主义国家理论特别是无产阶级专政学说同中国具体实践相结合的伟大创造,是近代以来中国社会发展的必然选择,是中国社会发展进步的必然结果。

马克思主义认为,不同国家的无产阶级专政具有不同的特点,表现为各种不同的模式。我国人民民主专政就是无产阶级专政的一种具体模式。《宪法》“序言”明确提出“工人阶级领导的、以工农联盟为基础的人民民主专政,实质上即无产阶级专政”。人民民主专政之所以实质上即无产阶级专政,这是因为:第一,两者所表示的是同一种性质的国家政权,即工人阶级领导的、以工农联盟为基础的国家政权;第二,两者反映了同一种新型国家内部的阶级关系,即工人阶级和广大劳动人民是国家的主人,只对少数敌对分子实行专政;第三,两者担负着相同的历史使命,即消灭剥削阶级和剥削制度,实现社会主义,进而为过渡到共产主义社会准备条件。

在我国特定国情下,人民民主专政与无产阶级专政之间又存在一些不同,这种不同主要表现为政权基础和阶级关系方面。在无产阶级专政一般理论上,无产阶级在国家中占据着人数上的绝对优势,而农民阶级则居于少数。在新中国成立前后,农民阶级在国家中占据着人数上的多数,无产阶级则居于少数。在无产阶级专政一般理论上,资产阶级是革命的对象。在新中国成立前后,我国资产阶级分为三大部分,即小资产阶级、民族资产阶级和官僚资产阶级,前两者属于人民的组成部分,后者才是革命的对象。因此,“人民民主专政”的提法,不仅可以团结更多应该团结的力量,而且可以更加准确地表明政权的阶级

---

① 习近平:《谱写新时代中国宪法实践新篇章——纪念现行宪法公布施行40周年》,载《人民日报》2022年12月20日,第1版。

基础。同时,虽然无产阶级专政的内涵中包括民主和专政,但“人民民主专政”的表述中可以清晰地表达出民主和专政的内涵。

人民民主专政的主要内容是:(1)工人阶级领导,通过自己的先锋队即中国共产党的领导实现,中国共产党领导是中国特色社会主义最本质的特征;(2)以工农联盟为基础;(3)新型民主与新型专政的结合;(4)中国共产党领导的多党合作和政治协商;(5)广泛的爱国统一战线。

七、民主集中制原则

民主集中制是我国国家组织形式和活动方式的基本原则。民主集中制是民主基础上的集中和集中指导下的民主相结合,是马克思列宁主义关于工人阶级政党和社会主义国家学说的组成部分。民主集中制是列宁1906年在《提交俄国社会民主工党统一代表大会的策略纲领》中系统提出的。

毛泽东同志指出:“在人民内部,民主是对集中而言,自由是对纪律而言。这些都是一个统一体的两个矛盾着的侧面,它们是矛盾的,又是统一的,我们不应当片面地强调某一个侧面而否定另一个侧面。在人民内部,不可以没有自由,也不可以没有纪律;不可以没有民主,也不可以没有集中。这种民主和集中的统一,自由和纪律的统一,就是我们的民主集中制。”①

民主集中制是《宪法》第3条规定的国家机构组织原则。民主集中制的民主和集中是互相依存、互相制约,不可分割的。民主集中制的民主,就是党和人民群众的意愿、主张的充分表达和积极性、创造性的充分发挥;民主集中制的集中,就是全党、全国人民意志、智慧的凝

① 毛泽东:《关于正确处理人民内部矛盾的问题》,载共产党员网,https://fuwu.12371.cn/2013/08/19/ARTI1376892293655966_all.shtml。

聚和行动的一致。只有充分发扬社会主义民主，才能克服个人和少数人决定重大问题的独裁现象，达到正确的集中；只有在集中指导下，才能避免议而不决、决而不行的极端民主化现象，实现真正的社会主义民主。

《宪法》第3条规定，中华人民共和国的国家机构实行民主集中制的原则。全国人民代表大会和地方各级人民代表大会都由民主选举产生，对人民负责，受人民监督。国家行政机关、监察机关、审判机关、检察机关都由人民代表大会产生，对它负责，受它监督。中央和地方的国家机构职权的划分，遵循在中央的统一领导下，充分发挥地方的主动性、积极性的原则。

众所周知，西方国家处理国家权力之间关系及国家机构内部关系是遵循所谓的“三权鼎立”，在宪法上将国家权力分解为立法权、行政权和司法权，三权之间相互对抗和制约。实际上，不同的西方国家实行的“三权鼎立”也是形态各异的，并没有统一的模式。

在这种权力模式下，国家权力之间形成对抗和制约关系，陷入内耗之中，降低了国家权力的效率，无法保证国家完成应有的职能，也无法保证国家权力在维护秩序、提供必要的公共产品和公共事务方面的积极作用。邓小平同志指出，“我们讲民主，不能搬用资产阶级的民主，不能搞三权鼎立那一套”。[①] 2018年12月25日至26日，中共中央政治局召开民主生活会，习近平总书记在会上指出，“把充分发扬党内民主和正确实行集中有机结合起来，既可以最大限度激发全党创造活力，又可以统一全党思想和行动，有效防止和克服议而不决、决而不行的分散主义，是科学合理而又有效率的制度”。

2014年9月5日，习近平总书记在庆祝全国人民代表大会成立

① 《邓小平文选》(第3卷)，人民出版社1993年版，第195页。

60 周年大会上指出,“设计和发展国家政治制度,必须注重历史和现实、理论和实践、形式和内容有机统一。要坚持从国情出发、从实际出发,既要把握长期形成的历史传承,又要把握走过的发展道路、积累的政治经验、形成的政治原则,还要把握现实要求、着眼解决现实问题,不能割断历史,不能想象突然就搬来一座政治制度上的‘飞来峰’。政治制度是用来调节政治关系、建立政治秩序、推动国家发展、维护国家稳定的,不可能脱离特定社会政治条件来抽象评判,不可能千篇一律、归于一尊。在政治制度上,看到别的国家有而我们没有就简单认为有欠缺,要搬过来;或者,看到我们有而别的国家没有就简单认为是多余的,要去除掉。这两种观点都是简单化的、片面的,因而都是不正确的”。“我们需要借鉴国外政治文明有益成果,但绝不能放弃中国政治制度的根本。中国有 960 多万平方公里土地、56 个民族,我们能照谁的模式办?谁又能指手画脚告诉我们该怎么办?对丰富多彩的世界,我们应该秉持兼容并蓄的态度,虚心学习他人的好东西,在独立自主的立场上把他人的好东西加以消化吸收,化成我们自己的好东西,但决不能囫囵吞枣、决不能邯郸学步。照抄照搬他国的政治制度行不通,会水土不服,会画虎不成反类犬,甚至会把国家前途命运葬送掉。只有扎根本国土壤、汲取充沛养分的制度,才最可靠、也最管用。”

按照马克思主义国家学说,根据具体国情,我国实行以民主集中制原则为基础的人民代表大会制度,人民代表大会制度是我国的根本政治制度。

1. 民主集中制原则是实现人民当家作主的原则

《宪法》第 2 条第 1、2 款规定,中华人民共和国的一切权力属于人民。人民行使国家权力的机关是全国人民代表大会和地方各级人民代表大会。

按照民主集中制原则，一切国家权力属于人民，而代表人民行使国家权力的机关是全国人大和地方各级人大。因此，我国将国家权力统一交给人民代表大会，由人民代表大会代表人民行使。人民代表大会是代表人民行使国家权力的国家权力机关，其他国家机关并不是国家权力机关。

另外，人民选举人大代表，由代表组成全国人大和地方各级人大；人民有权监督自己选举产生的代表，有权监督全国人大和地方各级人大。

2. 民主集中制原则是处理国家权力关系的原则

如上所述，在民主集中制原则下，国家权力统一由人民代表大会行使。在人民代表大会中，全国人大为最高国家权力机关，地方各级人大为地方各行政区域的国家权力机关。上级人大监督、指导下级人大的工作；全国人大监督、指导所有地方人大的工作，监督宪法和法律的实施，保证社会主义法制的统一。

作为最高国家权力机关的全国人大代表人民制定和修改宪法，通过宪法将国家权力分配给其他国家机关。例如，将地方立法权分配给地方一定级别的人大、将行政职权分配给行政机关、将监察权分配给监察机关、将审判权分配给审判机关、将法律监督权分配给检察机关等。全国人大及作为全国人大常设机关的全国人大常委会享有国家立法权，还可以通过法律将宪法配置的国家权力进一步具体化。

3. 民主集中制原则是处理国家机关之间关系的原则

按照民主集中制原则，人大产生其他国家机关，其他国家机关向人大负责并受人大监督，人大常委会、人民政府、监察委员会、人民法院及人民检察院必须向人大报告工作。

4. 民主集中制原则是国家机关的活动原则

所有国家机关在行使国家权力时都必须遵循民主集中制原则。宪法根据不同国家权力的特点,规定了民主集中制的具体要求。有的国家机关实行集体负责制,有的国家机关实行个人负责制。无论是集体负责制,还是个人负责制,都是民主集中制的具体表现。即使是实行个人负责制的国家机关,在对重大问题作出决策时,仍必须经过集体讨论。

5. 民主集中制原则是处理中央与地方关系的原则

《宪法》第 3 条第 4 款规定,中央和地方的国家机构职权的划分,遵循在中央的统一领导下,充分发挥地方的主动性、积极性的原则。

2014 年 9 月 5 日,在庆祝全国人民代表大会成立 60 周年大会上,习近平总书记指出,"民主集中制是中国国家组织形式和活动方式的基本原则"。这一制度使我们"在中央统一领导下,充分发挥地方主动性和积极性,保证国家统一高效组织推进各项事业"。

6. 民主集中制原则是处理人民与国家机关之间关系的原则

《宪法》第 41 条规定,中华人民共和国公民对于任何国家机关和国家工作人员,有提出批评和建议的权利;对于任何国家机关和国家工作人员的违法失职行为,有向有关国家机关提出申诉、控告或者检举的权利,但是不得捏造或者歪曲事实进行诬告陷害。对于公民的申诉、控告或者检举,有关国家机关必须查清事实,负责处理。任何人不得压制和打击报复。由于国家机关和国家工作人员侵犯公民权利而受到损失的人,有依照法律规定取得赔偿的权利。

八、人权原理

众所周知,保障人权是宪法的核心价值。2015 年 9 月 16 日,习近平主席在致"2015 · 北京人权论坛"的贺信中指出,"中国共产党和中国政府始终尊重和保障人权。长期以来，中国坚持把人权的普遍性原则同中国实际相结合，不断推动经济社会发展，增进人民福祉，促进社会公平正义，加强人权法治保障，努力促进经济、社会、文化权利和公民、政治权利全面协调发展，显著提高了人民生存权、发展权的保障水平，走出了一条适合中国国情的人权发展道路”。

1. 人权入宪的意义

2004 年《宪法修正案》中，明确增加了“国家尊重和保障人权”条款。这一条款表明：承诺尊重和保障人权是国家的义务；国家的目的在于尊重和保障人权；国家权力存在和运行的目的在于尊重和保障人权。

“国家尊重和保障人权”条款进入宪法，对于中国共产党及中国社会的发展具有里程碑的意义。这一意义在于自 2004 年开始，中国共产党的执政理念明确了“尊重和保障人权”的内容。这实际上就意味着中国共产党的执政方式、执政方法、执政政策、执政战略、执政规划等方面均围绕着这一执政理念展开。2016 年 12 月 4 日，习近平主席在致“纪念《发展权利宣言》通过 30 周年国际研讨会”的贺信中指出，“发展是人类社会永恒的主题。联合国《发展权利宣言》确认发展权利是一项不可剥夺的人权。作为一个拥有 13 亿多人口的世界最大发展中国家，发展是解决中国所有问题的关键，也是中国共产党执政兴国的第一要务。中国坚持把人权的普遍性原则同本国实际相结合，坚持生存权和发展权是首要的基本人权。多年来，中国坚持以人民为中心的发展思想，把增进人民福祉、保障人民当家作主、促进人的全面发展作为发展的出发点和落脚点，有效保障了人民发展权益，走出了一条中国特色人权发展道路。中国积极参与全球治理，着力推进包容性发展，努力为各国特别是发展中国家人民共享发展成果创造条件和机会”。

近年来，我国在制度上作出了很大的改进和完善。例如，废除收容遣送制度、废除劳动教养制度、废止收容教育制度、禁止刑讯逼供、减少死刑和严格死刑复核制度、个人权利自由扩大、把权力关进制度的笼子、更加关注民生和精准扶贫、要求政府信息公开、让民众在每一个案件中感受到公平正义等，这些制度的改进极大地推进了我国的人权进步，因而受到广大民众及国际社会的一致好评。人们也因此得出结论，中国社会进步了。

2. 人权原理的基本要求

宪法上的“尊重和保障人权”是针对公权力而作出的规定，是对公权力提出的基本要求。首先，这一规定要求公权力必须“尊重人权”，即立法机关不得制定侵犯人权的法律，行政机关不得在执法过程中侵犯人权，司法机关在审判过程中不得滥用司法权侵犯人权；其次，这一规定要求公权力必须“保障人权”，即立法机关必须制定保障人权的法律，行政机关在执行法律过程中必须有效地保障人权，司法机关必须通过审判活动有效地保障人权。当任何社会主体实施了侵犯人权的行为时，公权力机关都必须严肃处理，追究其法律责任。

人权原理要求：(1)宪法及宪法以下的法律文件的核心价值必须是尊重和保障人权；立法机关、行政机关、司法机关行使权力必须以尊重和保障人权为核心价值；侵犯人权、阻碍人权进步的所有法律文件、所有制度均应因违反宪法而无效。(2)所有的领导干部都必须清醒地认识到，我国社会未来发展的方向就是更加尊重和保障人权。(3)所有公权力的运行都是为了尊重和保障人权，不能做借公权力故意使社会成员出丑、侮辱人格的事情；所有的工作都必须是能够推进、促进人权保障的。

九、社会公平正义与平等原理

平等是人类始终不懈追求的理想目标。争取平等是中国共产党的一面旗帜和奋斗目标,中国共产党成立以来,在革命的不同历史阶段的宪法和法律文件中都明确规定了平等。在1954年《宪法》中就明确规定了"中华人民共和国公民在法律上一律平等",1982年《宪法》不仅明确规定了法律面前人人平等,更是将平等作为宪法的一项基本原则,指导宪法制度和宪法规范的设计。

1. 平等与社会公平正义

平等实现的最重要表现是社会公平正义,而社会公平正义是社会主义制度的本质特征、社会主义制度追求的价值理念、社会主义制度的最大优越性,也是社会主义战胜资本主义的最强大武器。我国进入新时代以来,以习近平同志为核心的党中央高度重视实现社会公平正义。

关于实现社会公平正义,党的十九大报告多处进行了论述、提出要求:(1)加大全民普法力度,建设社会主义法治文化,树立宪法法律至上、法律面前人人平等的法治理念。(2)中国特色社会主义进入新时代,我国社会主要矛盾已经转化为人民日益增长的美好生活需要和不平衡不充分的发展之间的矛盾。(3)人民平等参与、平等发展权利得到充分保障。不断促进社会公平正义,形成有效的社会治理、良好的社会秩序,使人民获得感、幸福感、安全感更加充实、更有保障、更可持续。坚决打赢脱贫攻坚战。让贫困人口和贫困地区同全国一道进入全面小康社会是我们党的庄严承诺。(4)增进民生福祉是发展的根本目的。必须多谋民生之利、多解民生之忧,在发展中补齐民生短板、促进社会公平正义,在幼有所育、学有所教、劳有所得、病有所医、老有所养、住有所居、弱有所扶上不断取得新进展,深入开展脱贫攻坚,保证全体人民在共建共享发展中有更多获得感,不断促进人的全面发展、全体人民共同富裕。(5)毫不动摇巩固和发展公有制经济,毫不动摇鼓励、支持、引导非公有制经济发展,使市场在资源配置中起决定性作用。(6)全面实施市场准入负面清单制度,清理废除妨碍统一市场和公平竞争的各种规定和做法,支持民营企业发展,激发各类市场主体活力。

党的十九届四中全会《决定》着眼于实现国家治理体系和治理能力现代化,对如何实现社会公平正义作出了深刻的阐述:(1)社会主义制度的13项显著优势中与实现社会公平正义直接相关联的包括三项:坚持全面依法治国,建设社会主义法治国家,切实保障社会公平正义和人民权利的显著优势;坚持各民族一律平等,铸牢中华民族共同体意识,实现共同团结奋斗、共同繁荣发展的显著优势;坚持以人民为中心的发展思想,不断保障和改善民生、增进人民福祉,走共同富裕道路的显著优势。(2)健全社会公平正义法治保障制度。(3)毫不动摇巩固和发展公有制经济,毫不动摇鼓励、支持、引导非公有制经济发展。营造各种所有制主体依法平等使用资源要素、公开公平公正参与竞争、同等受到法律保护的市场环境。建设高标准市场体系,完善公平竞争制度。健全以公平为原则的产权保护制度。促进内外资企业公平竞争。(4)增进人民福祉、促进人的全面发展是我们党立党为公、执政为民的本质要求。创新公共服务提供方式,鼓励支持社会力量兴办公益事业,满足人民多层次多样化需求,使改革发展成果更多更公平惠及全体人民。(5)坚持和完善共建共治共享的社会治理制度。建设人人有责、人人尽责、人人享有的社会治理共同体,确保人民安居乐业、社会安定有序,建设更高水平的平安中国。

党的二十大报告提出,中国式现代化是全体人民共同富裕的现代化。共同富裕是中国特色社会主义的本质要求,也是一个长期的历史过程。我们坚持把实现人民对美好生活的向往作为现代化建设的出发点和落脚点,着力维护和促进社会公平正义,着力促进全体人民共同富裕,坚决防止两极分化。我们要实现好、维护好、发展好最广大人民根本利益,紧紧抓住人民最关心最直接最现实的利益问题,坚持尽力而为、量力而行,深入群众、深入基层,采取更多惠民生、暖民心举措,着力解决好人民群众急难愁盼问题,健全基本公共服务体系,提高公共服务水平,增强均衡性和可及性,扎实推进共同富裕。

2. 平等与平等权

我国现行宪法对平等作出了更为具体和明确的规定。首先,对平等作出的一般性规定。《宪法》第 33 条第 2 款规定,中华人民共和国公民在法律面前一律平等;第 4 款规定,任何公民享有宪法和法律规定的权利,同时必须履行宪法和法律规定的义务。《宪法》第 5 条第 5 款规定,任何组织或者个人都不得有超越宪法和法律的特权。其次,对平等在特定领域作出的比较具体的规定。主要有三个方面:(1)民族平等。根据《宪法》“序言”的规定,“中华人民共和国是全国各族人民共同缔造的统一的多民族国家。平等团结互助和谐的社会主义民族关系已经确立,并将继续加强。在维护民族团结的斗争中,要反对大民族主义,主要是大汉族主义,也要反对地方民族主义。国家尽一切努力,促进全国各民族的共同繁荣”。《宪法》第 4 条第 1 款规定:“中华人民共和国各民族一律平等。国家保障各少数民族的合法的权利和利益,维护和发展各民族的平等团结互助和谐关系。禁止对任何民族的歧视和压迫,禁止破坏民族团结和制造民族分裂的行为。”(2)男女平等。《宪法》第 48 条规定:“中华人民共和国妇女在政治的、经济的、文化的、社会的和家庭的生活等各方面享有同男子平等的权利。国家保护妇女的权利和利益,实行男女同工同酬,培养和选拔妇女干部。”(3)选举权和被选举权平等。《宪法》第34条规定:“中华人民共和国年满十八周岁的公民,不分民族、种族、性别、职业、家庭出身、宗教信仰、教育程度、财产状况、居住期限,都有选举权和被选举权;但是依照法律被剥夺政治权利的人除外。”

宪法的其他条款虽然未明确使用“平等”,都仍然体现了平等的精神。例如,《宪法》第33条第1款规定,凡具有中华人民共和国国籍的人都是中华人民共和国公民。第36条第1、2款规定,中华人民共和国公民有宗教信仰自由。任何国家机关、社会团体和个人不得强制公民信仰宗教或者不信仰宗教,不得歧视信仰宗教的公民和不信仰宗教的公民。第38条规定,中华人民共和国公民的人格尊严不受侵犯。禁止用任何方法对公民进行侮辱、诽谤和诬告陷害。第41条第1款规定,中华人民共和国公民对于任何国家机关和国家工作人员,有提出批评和建议的权利;对于任何国家机关和国家工作人员的违法失职行为,有向有关国家机关提出申诉、控告或者检举的权利,但是不得捏造或者歪曲事实进行诬告陷害。第49条第2款规定,夫妻双方有实行计划生育的义务。第51条规定,中华人民共和国公民在行使自由和权利的时候,不得损害国家的、社会的、集体的利益和其他公民的合法的自由和权利。

我国现行宪法中除上述重要原理外,还蕴含着其他原理,如权力监督原理、国家统一原理、单一制原理、“一国两制”原理、权利保障原理、正当程序原则、审判独立原则等。

第五章　坚持中国特色社会主义宪法制度

党的二十大的主题是：高举中国特色社会主义伟大旗帜，全面贯彻新时代中国特色社会主义思想，弘扬伟大建党精神，自信自强、守正创新，踔厉奋发、勇毅前行，为全面建设社会主义现代化国家、全面推进中华民族伟大复兴而团结奋斗。党的十九届四中全会《决定》要求，突出坚持和完善支撑中国特色社会主义制度的根本制度、基本制度、重要制度。

我国现行宪法明确规定坚持中国特色的社会主义制度，并在此基础上，对我国的基本制度、重要制度和基本国策作出了规定。国家工作人员在就职时宣誓“忠于中华人民共和国宪法，维护宪法权威”，就意味着宣誓要坚持和维护中国宪法确立的各项制度。对宪法所确立的支撑中国特色社会主义制度的根本制度、基本制度、重要制度的深入理解和准确认识，是国家工作人员正确依法履职的基本素养。

一、中国特色社会主义制度

《宪法》第1条规定，中华人民共和国是工人阶级领导的、以工农联盟为基础的人民民主专政的社会主义国家。社会主义制度是中华人民共和国的根本制度。中国共产党领导是中国特色社会主义最本质的特征。禁止任何组织或者个人破坏社会主义制度。

《宪法》“序言”规定,国家的根本任务是,沿着中国特色社会主义道路,集中力量进行社会主义现代化建设。

《宪法》“序言”规定,国家的发展目标是,逐步实现工业、农业、国防和科学技术的现代化,推动物质文明、政治文明、精神文明、社会文明、生态文明协调发展,把我国建设成为富强民主文明和谐美丽的社会主义现代化强国,实现中华民族伟大复兴。

在我国,社会主义制度是我国的根本制度,一切其他基本制度、重要制度都是由这一根本制度派生的。因此,要理解我国宪法为什么是国家根本法、要理解我国宪法的本质、要理解我国宪法与法律的关系、要理解我国的宪法制度,必须首先理解社会主义制度这一根本制度。

1. 中国共产党领导是中国特色社会主义最本质的特征

习近平总书记在2020年7月16日出版的第14期《求是》杂志上发表了《中国共产党领导是中国特色社会主义最本质的特征》的重要文章,对于“中国共产党领导是中国特色社会主义最本质的特征”这一命题,作出了如下重要论述。

“中国特色社会主义有很多特点和特征,但最本质的特征是坚持中国共产党领导。加强党对经济工作的领导,全面提高党领导经济工作水平,是坚持民主集中制的必然要求,也是我们政治制度的优势。党是总揽全局、协调各方的,经济工作是中心工作,党的领导当然要在中心工作中得到充分体现,抓住了中心工作这个牛鼻子,其他工作就可以更好展开。”

“宪法是我们党长期执政的根本法律依据。我国宪法确认了中国共产党的执政地位,确认了党在国家政权结构中总揽全局、协调各方的核心地位,这是中国特色社会主义最本质的特征,是中国特色社会主义制度的最大优势,是社会主义法治最根本的保证。实践表明,党的领导、人民当家作主、依法治国完全可以有机统一起来。我们一直强调，党领导人民制定宪法法律，领导人民实施宪法法律，党自身必须在宪法法律范围内活动。这是我们党深刻总结新中国成立以来正反两方面历史经验特别是‘文化大革命’惨痛教训之后得出的重要结论，是我们党治国理政必须遵循的一项重要原则。”

“改革开放 40 年的实践启示我们：中国共产党领导是中国特色社会主义最本质的特征，是中国特色社会主义制度的最大优势。党政军民学，东西南北中，党是领导一切的。正是因为始终坚持党的集中统一领导，我们才能实现伟大历史转折、开启改革开放新时期和中华民族伟大复兴新征程，才能成功应对一系列重大风险挑战、克服无数艰难险阻，才能有力应变局、平风波、战洪水、防非典、抗地震、化危机，才能既不走封闭僵化的老路也不走改旗易帜的邪路，而是坚定不移走中国特色社会主义道路。坚持党的领导，必须不断改善党的领导，让党的领导更加适应实践、时代、人民的要求。在坚持党的领导这个决定党和国家前途命运的重大原则问题上，全党全国必须保持高度的思想自觉、政治自觉、行动自觉，丝毫不能动摇。”

“中国特色社会主义制度是一个严密完整的科学制度体系，起四梁八柱作用的是根本制度、基本制度、重要制度，其中具有统领地位的是党的领导制度。党的领导制度是我国的根本领导制度。党的十八大以来，我们鲜明提出‘中国特色社会主义最本质的特征是中国共产党领导，中国特色社会主义制度的最大优势是中国共产党领导，党是最高政治领导力量’。这次全会强调，‘必须坚持党政军民学、东西南北中，党是领导一切的，坚决维护党中央权威，健全总揽全局、协调各方的党的领导制度体系，把党的领导落实到国家治理各领域各方面各环节’。这是党领导人民进行革命、建设、改革最可宝贵的经验。我们推进各方面制度建设、推动各项事业发展、加强和改进各方面工作，都必须坚持党的领导，自觉贯彻党总揽全局、协调各方的根本要求。”

2. 坚持习近平新时代中国特色社会主义思想

《宪法》“序言”规定，中国各族人民将继续在中国共产党领导下，在马克思列宁主义、毛泽东思想、邓小平理论、“三个代表”重要思想、科学发展观、习近平新时代中国特色社会主义思想指引下，坚持人民民主专政，坚持社会主义道路，坚持改革开放，不断完善社会主义的各项制度，发展社会主义市场经济，发展社会主义民主，健全社会主义法治，贯彻新发展理念，自力更生，艰苦奋斗，逐步实现工业、农业、国防和科学技术的现代化，推动物质文明、政治文明、精神文明、社会文明、生态文明协调发展，把我国建设成为富强民主文明和谐美丽的社会主义现代化强国，实现中华民族伟大复兴。

《中国共产党章程》“总纲”规定，中国共产党以马克思列宁主义、毛泽东思想、邓小平理论、“三个代表”重要思想、科学发展观、习近平新时代中国特色社会主义思想作为自己的行动指南。习近平新时代中国特色社会主义思想是对马克思列宁主义、毛泽东思想、邓小平理论、“三个代表”重要思想、科学发展观的继承和发展，是马克思主义中国化时代化的最新成果，是当代中国马克思主义、二十一世纪马克思主义，是中华文化和中国精神的时代精华，实现了马克思主义中国化新的飞跃，是全党全国人民为实现中华民族伟大复兴而奋斗的根本遵循和行动指南，必须长期坚持并不断发展。

3. 坚持人民代表大会制度的政体

2014 年 9 月 5 日，习近平总书记在庆祝全国人民代表大会成立 60 周年大会上指出，“我们要毫不动摇坚持人民代表大会制度，也要与时俱进完善人民代表大会制度”。人民代表大会制度是我国的根本政治制度。

《宪法》第2条第1、2款规定，中华人民共和国的一切权力属于人民。人民行使国家权力的机关是全国人民代表大会和地方各级人民代表大会。第3条第1～3款规定，中华人民共和国的国家机构实行民主集中制的原则。全国人民代表大会和地方各级人民代表大会都由民主选举产生，对人民负责，受人民监督。国家行政机关、监察机关、审判机关、检察机关都由人民代表大会产生，对它负责，受它监督。

4. 坚持社会主义经济制度

《宪法》“序言”规定，发展社会主义市场经济。

《宪法》第6条规定，中华人民共和国的社会主义经济制度的基础是生产资料的社会主义公有制，即全民所有制和劳动群众集体所有制。社会主义公有制消灭人剥削人的制度，实行各尽所能、按劳分配的原则。国家在社会主义初级阶段，坚持公有制为主体、多种所有制经济共同发展的基本经济制度，坚持按劳分配为主体、多种分配方式并存的分配制度。

《宪法》第7条规定，国有经济，即社会主义全民所有制经济，是国民经济中的主导力量。国家保障国有经济的巩固和发展。

《宪法》第8条规定，农村集体经济组织实行家庭承包经营为基础、统分结合的双层经营体制。农村中的生产、供销、信用、消费等各种形式的合作经济，是社会主义劳动群众集体所有制经济。参加农村集体经济组织的劳动者，有权在法律规定的范围内经营自留地、自留山、家庭副业和饲养自留畜。城镇中的手工业、工业、建筑业、运输业、商业、服务业等行业的各种形式的合作经济，都是社会主义劳动群众集体所有制经济。国家保护城乡集体经济组织的合法的权利和利益，鼓励、指导和帮助集体经济的发展。

《宪法》第9条规定,矿藏、水流、森林、山岭、草原、荒地、滩涂等自然资源,都属于国家所有,即全民所有;由法律规定属于集体所有的森林和山岭、草原、荒地、滩涂除外。国家保障自然资源的合理利用,保护珍贵的动物和植物。禁止任何组织或者个人用任何手段侵占或者破坏自然资源。

《宪法》第10条规定,城市的土地属于国家所有。农村和城市郊区的土地,除由法律规定属于国家所有的以外,属于集体所有;宅基地和自留地、自留山,也属于集体所有。国家为了公共利益的需要,可以依照法律规定对土地实行征收或者征用并给予补偿。任何组织或者个人不得侵占、买卖或者以其他形式非法转让土地。土地的使用权可以依照法律的规定转让。一切使用土地的组织和个人必须合理地利用土地。

《宪法》第12条规定,社会主义的公共财产神圣不可侵犯。国家保护社会主义的公共财产。禁止任何组织或者个人用任何手段侵占或者破坏国家的和集体的财产。

《宪法》第15条规定,国家实行社会主义市场经济。国家加强经济立法,完善宏观调控。国家依法禁止任何组织或者个人扰乱社会经济秩序。

5. 全面依法治国,建设社会主义法治国家

《宪法》第5条第1款规定,中华人民共和国实行依法治国,建设社会主义法治国家。

全面依法治国是中国特色社会主义的本质要求和重要保障。必须把党的领导贯彻落实到依法治国全过程和各方面,坚定不移走中国特色社会主义法治道路,完善以宪法为核心的中国特色社会主义法律体系,建设中国特色社会主义法治体系,建设社会主义法治国家,发展

中国特色社会主义法治理论，坚持依法治国、依法执政、依法行政共同推进，坚持法治国家、法治政府、法治社会一体建设，坚持依法治国和以德治国相结合，依法治国和依规治党有机统一，深化司法体制改革，提高全民族法治素养和道德素质。

6. 坚持社会主义核心价值体系

《宪法》第 24 条第 2 款规定，国家倡导社会主义核心价值观，提倡爱祖国、爱人民、爱劳动、爱科学、爱社会主义的公德，在人民中进行爱国主义、集体主义和国际主义、共产主义的教育，进行辩证唯物主义和历史唯物主义的教育，反对资本主义的、封建主义的和其他的腐朽思想。

文化自信是一个国家、一个民族发展中更基本、更深沉、更持久的力量。必须坚持马克思主义，牢固树立共产主义远大理想和中国特色社会主义共同理想，培育和践行社会主义核心价值观，不断增强意识形态领域主导权和话语权，推动中华优秀传统文化创造性转化、创新性发展，继承革命文化，发展社会主义先进文化，不忘本来、吸收外来、面向未来，更好构筑中国精神、中国价值、中国力量，为人民提供精神指引。

7. 坚持在发展中保障和改善民生

增进民生福祉是发展的根本目的。必须多谋民生之利、多解民生之忧，在发展中补齐民生短板、促进社会公平正义，在幼有所育、学有所教、劳有所得、病有所医、老有所养、住有所居、弱有所扶上不断取得新进展，深入开展脱贫攻坚，保证全体人民在共建共享发展中有更多获得感，不断促进人的全面发展、全体人民共同富裕。建设平安中国，加强和创新社会治理，维护社会和谐稳定，确保国家长治久安、人民安居乐业。

二、人民代表大会制度

《宪法》第 2 条第 1、2 款规定，中华人民共和国的一切权力属于人民。人民行使国家权力的机关是全国人民代表大会和地方各级人民代表大会。第 3 条第 3 款规定，国家行政机关、监察机关、审判机关、检察机关都由人民代表大会产生，对它负责，受它监督。由此可见，人民代表大会制度就是我国的政权组织形式、是我国的根本政治制度。

人民代表大会制度，是指拥有国家权力的我国人民根据民主集中制原则，通过民主选举组成全国人民代表大会和地方各级人民代表大会，并以人民代表大会为基础，建立全部国家机构，对人民负责，受人民监督，以实现人民当家作主的根本政治制度。2021 年 10 月 13 ~ 14 日，习近平总书记在中央人大工作会议上强调，“人民代表大会制度是符合我国国情和实际、体现社会主义国家性质、保证人民当家作主、保障实现中华民族伟大复兴的好制度，是我们党领导人民在人类政治制度史上的伟大创造，是在我国政治发展史乃至世界政治发展史上具有重大意义的全新政治制度”。

1. 人民代表大会制度的内容

第一，保证人民当家作主是人民代表大会制度的逻辑起点和最终归属。资本主义社会虽然标榜“人民主权”原则，但由生产资料的资本家私有制决定，它只能是有产者的主权，对于广大的劳动人民来讲，“人民主权”只能是理想、抽象的原则。而由社会主义的公有制决定，占社会成员绝大多数的广大劳动人民，成为真正意义上的当家作主的国家主人。而要实现这一原则，就必须建立一套使人民能够形成统一意志，集中统一地行使国家权力，从而既有民主又有集中的政治制度。在我国，人民代表大会制度就是这样的政治制度。因此，人民当家作主不仅是人民代表大会制度与资产阶级议会制的根本区别，也是人民代表大会制度得以建立和运行的逻辑起点。

第二,民主选举是人民代表大会制度的前提。地域的广阔、人口的众多,决定了国家权力的所有者不可能直接地、经常地行使那些属于自己的权力,而只能实行间接民主的人民代表制。因此,我国宪法规定,人民行使国家权力的机关是全国人大和地方各级人大。这样,由选民通过民主选举程序选举产生人大代表,由他们代表人民,组成各级人大,行使国家权力,就构成了人民代表大会制度的前提和基础。

第三,以人民代表大会为基础建立全部国家机构是人民代表大会制度的核心。国家机构是国家为实现其职能而建立起来的国家机关的总和。人民通过人大行使国家权力主要通过两大途径来实现:一是由人大直接行使宪法和法律赋予各级人大的职权;二是由人大选举产生国家行政机关、监察机关、审判机关和检察机关,这些国家机关行使宪法和法律赋予的职权,并对人大负责,受人大监督。由此可见,无论在国家机构的建立还是运行过程中,人大始终处于主导地位。也正是因为以人大为基础建立全部国家机构,才真正全面地保证了国家机构始终以实现人民的意志和利益为宗旨,始终以保障人民当家作主为目标。

第四,对人民负责、受人民监督是人民代表大会制度的关键。代议制度能否真正体现民意的一个关键就是看代表是否受选民监督、制衡,而要监督和制衡代表,承认和实行选举人对代表的罢免权是最有力的措施。因此,我国宪法规定,全国人大和地方各级人大都由选民选举产生,对人民负责,受人民监督。否则,人大就可能脱离人民,违背人民的意志和利益,从而使人民代表大会制度改变性质。

2. 人民代表大会制度是我国的根本政治制度

2014 年 9 月 5 日,习近平总书记在庆祝全国人民代表大会成立

60周年大会上指出,“人民代表大会制度是中国特色社会主义制度的重要组成部分,也是支撑中国国家治理体系和治理能力的根本政治制度”。人民代表大会制度,坚持中国共产党领导,坚持马克思主义国家学说的基本原则,适应人民民主专政的国体,有效保证国家沿着社会主义道路前进。人民代表大会制度,坚持国家一切权力属于人民,最大限度保障人民当家作主,把党的领导、人民当家作主、依法治国有机结合起来,有效保证国家治理跳出治乱兴衰的历史周期率。60多年来特别是改革开放40多年来,人民代表大会制度为党领导人民创造经济快速发展奇迹和社会长期稳定奇迹提供了重要制度保障。

第一,人民代表大会制度是我国实现社会主义民主的基本形式。2021年10月13日,习近平总书记在中央人大工作会议上强调,“人民代表大会制度是实现我国全过程人民民主的重要制度载体。要在党的领导下,不断扩大人民有序政治参与,加强人权法治保障,保证人民依法享有广泛权利和自由。要保证人民依法行使选举权利,民主选举产生人大代表,保证人民的知情权、参与权、表达权、监督权落实到人大工作各方面各环节全过程,确保党和国家在决策、执行、监督落实各个环节都能听到来自人民的声音。要完善人大的民主民意表达平台和载体,健全吸纳民意、汇集民智的工作机制,推进人大协商、立法协商,把各方面社情民意统一于最广大人民根本利益之中”。在我国,人民是国家的主人,可以根据宪法、法律的规定通过各种途径和形式实现人民当家作主的权利。但在诸种民主形式中,人民代表大会制度是最基本、最重要的形式。首先,它是最基本的形式,这是因为人大代表来自人民,人大的权力来自人民,人大必须对人民负责,受人民监督。其次,它是最重要的形式。这是因为,在所有实现社会主义民主的形式中,除人民代表大会制度以外,其他一切形式都存在一定的限制。

这种限制有的表现在实现民主的主体方面,有的表现在实现民主的范围和效能方面。我国人民代表大会制度适合我国的国情,因而必然具有极大的优越性:首先,宪法、选举法和人大组织法规定的代表产生的民主方式及代表和选民的关系决定了它便于人民参加国家管理;其次,一切权力属于人民原则及人大在国家机构体系中的主导地位有利于集中统一行使国家权力;最后,我国宪法规定,中央和地方的国家机构职权的划分,遵循在中央的统一领导下,充分发挥地方的主动性、积极性的原则。人民代表大会制度既能保证中央的集中统一领导,又能保证地方主动性和积极性的发挥。

第二,人民代表大会制度体现了我国一切权力属于人民的本质要求。国家的一切权力属于人民是我国人民代表大会制度的实质内容与权力基础。一切权力属于人民,是指国家权力的整体或最终归属是全体人民,由于国家权力统一不可分割,因此不能把每一个公民单独地看作部分权力的所有者,而且每个人都来行使权力也是不可能的事情,人民只能作为整体成为国家权力的所有者。人民只能在普选的基础上选派代表,组成全国人大和地方各级人大,形成统一的意志并行使我国宪法赋予的各种权力。由人民将权力授予一定的机关或公职人员去行使,同时又对行使权力者予以监督,就要实行民主与集中相结合的政治制度,我国人民代表大会制度正好体现了这一要求。我国宪法规定,人民行使权力的机关是全国人大和地方各级人大,这表明以下几个方面。首先,由于人大由代表组成,而人大代表又涵盖社会各个阶级、阶层和各方面的人士,全国人大和地方各级人大通过人民代表依照法律规定的方式和程序,集体行使国家权力,也是一切权力属于人民的重要表现形式和具体实现。其次,作为国家权力机关的人大,代表着人民的意志与利益,人大的全体成员整体地代表着人民的意志和利益。而每一个代表却只是选举产生他的那一部分群众的意志的代表,并接受这部分群众的监督。但是,每一个代表在参政议政以及在投票的时候,要立足于全局,把整体利益置于首位,这是起码的要求,在此基础上充分代表和反映本选区或选举单位的利益和意志。最后,人大常委会向本级人大负责,人大向人民负责。人大常委会是本级人大的一部分,由人民代表中的一部分常务代表所组成。人大常委会向本级人大负责就是间接向人民负责。在行使国家权力的过程中,人大要向人民负责并报告工作,通过媒体公开以后接受人民的监督,人民有权罢免自己选出的不称职的代表;人民可以向人大提出批评、建议等,促进其工作,使其能够更好地行使国家权力。

第三,人民代表大会制度全面反映了我国政治生活的面貌。人民代表大会制度体现了人民民主专政的国家本质,是我国人民当家作主、行使管理国家事务权力的基本形式。通过依照民主集中制的原则办事,从而使国家权力最终掌握在人民手中,达到维护人民群众根本利益的目的。人民代表大会制度就是能够体现各阶级、阶层和各民族人民在国家生活中的地位,便于实现最广泛的民主,吸收广大人民群众参加国家管理和社会主义建设事业,充分发挥最大多数人智慧和创造力的一种制度。另外,人民代表大会通过行使职权,在维持社会治安、维护国际和平、促进祖国统一等方面发挥着不可替代的作用,这也是实现人民民主专政的一个重要方面。

人民代表大会成立以后,它就可以制定各种制度和法律,而其他制度和法律则必须经过人民代表大会批准,或由它所授权的机关批准才能生效。我国的其他许多制度,如行政制度、司法制度、选举制度、公务员制度、社团制度等,只能表示我国政治生活的一个方面,而只有人民代表大会制度,才能反映我国政治力量的源泉来自广大人民群众。因此,人民代表大会制度在我国的政治生活中处于首要的地位,是我国的根本政治制度。

3. 人民代表大会制度与西方国家政体的根本区别

人民代表大会制度是我国人民民主专政的政权组织形式,是人民当家作主的根本途径和最高实现形式,是我国的根本政治制度。根据《宪法》第57、58条的规定,中华人民共和国全国人民代表大会是最高国家权力机关,全国人民代表大会和全国人民代表大会常务委员会行使国家立法权。人民代表大会制是我国国家政治制度的重要组成部分,是其基础和核心。

人民代表大会制度是民主集中原则下的国家政权组织形式,体现了社会主义民主政治的鲜明特点。与之相对应,西方资本主义国家多按照"分权制衡"原则来组织国家政权,如以美国为代表的所谓的"三权鼎立"模式。人民代表大会制度和"三权鼎立"虽然都是国家政权组织形式,但两种制度有本质区别。

第一,人民代表大会与西方议会具有本质区别。从一定意义上讲,西方议会无论是一院制还是两院制,都是各党派争权夺利的场所。我国的人民代表大会是人民管理国家和社会事务的国家权力机关。县、乡两级人大代表是按选区直接选举产生的。县级以上人大代表实行间接选举,按照选举单位组成代表团参加人民代表大会。也就是说,人民代表大会中没有议会党团,也不以界别开展活动。人大常委会由人民代表大会选举产生。各专门委员会依法设立,并根据工作需要由人民代表大会或其常委会决定任免其组成人员。无论是人民代表大会还是人大常委会或专门委员会,都不是按照党派分配席位的。我国的人大代表、常委会组成人员、专门委员会组成人员,无论共产党员还是民主党派成员抑或无党派人士,都在中国共产党领导下依法履行职责,为人民服务,根本利益是一致的,没有西方议会中各党派的明争暗斗,而是充分发扬民主,集思广益,在充分协商、基本达成共识的基础上,按照多数人的意见作出决定。

第二,人大和“一府一委两院”的关系与西方国家的国家机关之间的关系具有本质区别。在我国,由人民代表大会统一行使国家权力,“一府一委两院”由人大产生,对人大负责,受人大监督。各国家机关虽然分工不同、职责不同,但目标是完全一致的,都在中国共产党领导下,在各自职权范围内贯彻落实党的路线方针政策和宪法、法律,为建设中国特色社会主义服务。这与西方国家议会、政府、法院“三权鼎立”有本质区别。人大统一行使国家权力要尽职尽责,但不代行行政权、监察权、审判权、检察权。人大根据党的主张和人民的意愿,通过制定法律、作出决议,决定国家大政方针,监督和支持“一府一委两院”依法行政、依法监察、公正司法,保障各国家机关协调有效地开展工作,把人民赋予的权力真正用来为人民谋利益。

第三,人大代表与西方议员具有本质区别。我国的人大代表来自各地区、各民族、社会各界,工人、农民、知识分子、解放军和妇女、归国华侨等都有适当比例的代表,人口最少的民族也至少有一名代表,具有广泛的代表性。人大代表工作和生活在人民中间,同人民群众保持着密切联系,从事各自的职业,有各自的工作岗位,依法行使代表的职权,履行代表的义务,发挥代表作用。而西方议员分别代表某党某派的利益,是一个拥有自身利益的政治共同体。

实践证明,人民代表大会制度体现了我国的性质,符合我国国情,是实现人民民主的最好制度形式,具有强大的生命力和巨大的优越性。所谓“三权鼎立”,在我国既无政治基础和社会基础,更无阶级基础。如果不顾国情,违背人民的根本利益,照搬资本主义国家“三权鼎立"的政治制度,必然会从根本上动摇人民当家作主的政治地位,动摇我国政治稳定的根基。

三、以公有制为主体、多种所有制经济共同发展的基本经济制度

《宪法》第6条第2款规定:"国家在社会主义初级阶段,坚持公有制为主体、多种所有制经济共同发展的基本经济制度,坚持按劳分配为主体、多种分配方式并存的分配制度。"

这里规定的"基本经济制度",是指在坚持社会主义公有制为基础的前提下,根据现阶段生产力发展水平所形成的所有制结构。所谓所有制结构,就是在一定的社会中各种不同的生产资料所有制形式所处的地位、作用及其相互关系。特定社会的所有制结构,就是该社会的基本经济制度。公有制为主体、多种所有制经济共同发展是我国社会主义初级阶段的所有制结构,即社会主义初级阶段的基本经济制度。

1. 坚持公有制的主体地位

公有制的主体地位主要体现在:公有资产在社会总资产中占优势;国有经济控制国民经济命脉,对经济发展起主导作用。同时,国有企业是国家引导、推动、调控国民经济和社会发展的基本力量,是消除两极分化、实现共同富裕、促进政府调控和市场调控的统一、引导非公有制经济健康发展的基本力量。坚持公有制的主体地位就是坚持社会主义的社会性质。

2. 多种所有制经济共同发展

《宪法》第11条第1款规定:"在法律规定范围内的个体经济、私营经济等非公有制经济,是社会主义市场经济的重要组成部分。"个体经济是指生产资料归劳动者个人所有并由劳动者个人支配和使用的一种所有制形式。私营经济是指企业资产属于私人所有、存在雇佣关系的一种所有制形式。此外,根据宪法原则和法律的规定,在我国的

现实经济生活中，还可以利用外资，引进先进技术和管理经验，为我国公有制经济特别是国有经济的体制创新提供借鉴。外资经济是指经中国政府批准，尊重中国主权，接受中国政府监督和监管的以独资、合资、合作经营企业存在的外资形式。

各种非公有制经济对于我国现阶段增加就业机会、维护社会稳定、解决资金不足、优化产业结构、推动生产力发展、增强我国国际竞争力发挥着积极的作用。坚持多种所有制经济共同发展，是社会主义初级阶段生产力发展的必然要求。

坚持公有制为主体、多种所有制经济共同发展的基本经济制度，必须毫不动摇地巩固和发展公有制经济，毫不动摇地鼓励、支持、引导非公有制经济发展，坚持公有制为主体，促进非公有制经济发展，将这二者统一于社会主义现代化建设的进程中，不能将其对立起来，坚持平等保护各种所有权，形成各种所有制经济公平竞争、相互促进、共同发展的新格局。

3. 社会主义公有制是我国经济制度的基础

社会主义公有制是社会主义劳动者共同占有生产资料和劳动产品，用来满足人民物质和文化需要而结成的经济关系体系。生产资料所有制作为一个国家经济制度的基础，决定着社会经济制度的基本性质，也决定着一个社会的基本性质和发展方向。没有占主体地位和发挥主导作用的公有制经济，就不能确保我国社会的社会主义性质，就不能巩固和发展社会主义。坚持把生产资料的社会主义公有制作为我国经济制度的基础，是我国建设和发展中国特色社会主义的根本原则。建设和完善社会主义经济制度，必须坚持以生产资料公有制为基础。《宪法》第 6 条第 1 款第 1 句规定："中华人民共和国的社会主义经济制度的基础是生产资料的社会主义公有制，即全民所有制和劳动群众集体所有制。”随着我国经济体制改革的深入推进，宪法关于经济制度的规定历经数次修改，但社会主义公有制作为国家经济制度的基础始终没有改变。

我国宪法规定了两种公有制形式：全民所有制和劳动群众集体所有制。这两种公有制形式是适应我国现阶段生产力发展水平的要求而产生的。

全民所有制是社会全体成员共同占有生产资料的所有制形式。它的生产资料所有权，不属于任何个别劳动者或部分劳动者，而是属于全社会的劳动者整体，集中体现了社会主义公有制的特征。在现阶段，我国的全民所有制经济具体表现为国家所有制经济，也就是国有经济。

《宪法》第 7 条规定：“国有经济，即社会主义全民所有制经济，是国民经济中的主导力量。国家保障国有经济的巩固和发展。”宪法规定的社会主义全民所有制经济，有以下几方面含义。

第一，国家作为全民的代表对生产资料拥有最终所有权。在全民所有制的范围内，生产资料是增进全体社会成员的共同福利、实现共同富裕的物质条件。除生产资料外，《宪法》第 9 条第 1 款规定，矿藏、水流、森林、山岭、草原、荒地、滩涂等自然资源都属于国家所有，即全民所有；由法律规定属于集体所有的森林和山岭、草原、荒地、滩涂除外。《宪法》第 10 条第 1 款规定，城市的土地属于国家所有。

第二，国有经济是国民经济的主导力量。《宪法》第 7 条第 2 句规定，国家保障国有经济的巩固和发展。国有经济应当控制国民经济命脉，对经济发展起到主导作用。这是就全国而言的，有的地方、有些产业可以有所差别。国有经济起主导作用，主要体现在控制力上。国有经济需要控制的行业和领域主要包括：涉及国家安全的行业、自然垄断的行业、提供重要公共产品和服务的行业、支柱产业和高新技术产业中的重要骨干企业。

第三,所有权与经营权分离。公有制经济的性质必须坚持,公有制的实现形式应当灵活。公有制经济的性质主要体现在所有权的归属上,坚持公有制经济的性质,在根本上应坚持国家和集体对生产资料的所有权。而公有制的实现形式是指采取怎样的经营方式和组织形式。同样的所有制可以采取不同的实现形式,而不同的所有制也可以采取相同的实现形式。只要有利于社会主义社会生产力发展,一切反映社会化生产规律的经营方式和组织形式都可以大胆尝试。随着社会主义市场经济体制在我国逐步建立并发展完善,我国的全民所有制实现形式也有相应变化。现行《宪法》在 1982 年颁布时使用的是“国营经济”,而 1993 年通过的《宪法修正案》第 5 条将“国营经济”改为“国有经济”,并且在第 8 条规定:“国有企业在法律规定的范围内有权自主经营。”这种修改,体现了国家与全民所有制企业关系上的变化,即全民所有制企业的所有权与经营权分离,公有制经济性质和公有制实现形式之间的关系得到正确处理。国家不再直接干预企业的生产活动,而是由国有资产管理机构授予企业经营自主权。国有企业财产的所有权仍归国家所有,国家以所有者的身份对国有企业进行监督管理,保证国家财产的安全有效使用。

劳动群众集体所有制,是指由部分劳动者共同占有生产资料的一种社会主义公有制形式。集体所有制与全民所有制具有共同属性,即生产资料归劳动群众所有。但是在集体所有制下,生产资料公有化的范围比较小,生产资料所有权只属于集体经济单位的劳动者所有,归集体占有、支配和使用,集体生产经营的成果在集体范围内分配。《宪法》第 8、17 条对劳动群众集体所有制的类型、经营体制、所有权范围等作了规定，主要内容包括以下几个方面。

第一，劳动群众集体所有制包括农村集体所有制和城镇集体所有制两种基本形态。农村集体所有制是农业中的集体所有制，包括农业的基本生产资料，如土地、重要的自然资源和农田水利设施。城镇集体所有制则广泛存在于城市工商业和乡镇工商业当中，是由劳动群众自筹资金、独立经营、自负盈亏的社会主义公有制形式。

第二，农村集体所有制经济实行家庭承包经营为基础、统分结合的双层经营体制。党的十一届三中全会后，人民公社不复存在，代之以家庭联产承包为主的经营责任制，土地等基本生产资料仍归集体所有，农户与集体签订土地承包合同，农民可以按照个人意愿使用土地进行生产。这种家庭联产承包经营责任制把生产资料集体所有和家庭的分散经营结合起来，极大地推进了农村生产力的发展。我国先后通过 1993 年的《宪法修正案》第 6 条和 1999 年的《宪法修正案》第 15 条确立并完善了这一经营体制。

第三，集体经济组织的经营自主权。经营自主权，是指经济主体在不违反国家法律的基础上所拥有的调配使用自己的人力、物力、财力，自行组织生产经营的权利。1993 年《宪法修正案》第 9 条规定，集体经济组织在遵守有关法律的前提下，有独立进行经济活动的自主权。这一规定体现了集体经济组织与全民所有制企业在权利上的差别。

4. 坚持按劳分配为主体、多种分配方式并存的分配制度

与基本经济制度相适应，在社会主义初级阶段，我国采取的是按劳分配为主体、多种分配方式并存的分配制度。对于宪法所规定的分配制度，可以从两方面来理解。

第一，按劳分配为主体。按劳分配是以劳动者提供的劳动（包括

劳动数量和质量)为唯一标准来分配个人消费品,实行按等量劳动领取等量报酬。按劳分配原则是马克思提出的社会主义社会的分配原则。在社会主义社会,实行按劳分配原则是由生产资料公有制决定的:基于人们在生产资料占有上的平等地位,劳动成为人们获得社会产品的唯一根据。实行按劳分配,可以排除凭借对生产资料的占有而占有他人劳动成果的可能,有利于实现共同富裕,促使劳动者关心自己的物质利益,有利于促进社会生产力发展,克服平均主义,调动劳动者积极性。

按劳分配为主体具有两层含义:一是在公有制中,劳动者的按劳分配收入在个人收入总额中占主体地位;二是整个社会分配方式的主体是按劳分配,决定着分配制度的社会主义性质。

第二,多种分配方式并存。在社会主义初级阶段,多种分配方式并存是收入分配制度的一大特点。按劳分配以外的多种分配方式,实质就是按对生产要素的占有状况进行分配。社会的生产要素多种多样,可以归纳为各种物质生产条件与人的劳动两大类。按生产要素分配是指劳动、资本、土地等生产要素的所有者根据对生产要素的占有,参与收入分配,获得相应的报酬。按生产要素分配主要有以下方式:(1)以劳动为生产要素参与分配,主要是个体劳动者和被雇于非公有制经济的雇佣劳动者所取得的收入;(2)以资本为生产要素参与分配,如私营企业、股份制企业和外资企业等资本所有者凭借投入的资本获得利润、利息、租金等的分配;(3)以管理为生产要素参与分配,包括企业经营管理者的承包经营薪酬、年薪、津贴等;(4)以知识产权为生产要素参与分配,如科技发明、创造、信息、专利等参与分配;(5)以土地和其他自然资源为生产要素参与分配。

多种分配方式并存,是指在坚持按劳分配为主体的同时,允许按照生产要素分配。实行按劳分配为主体、多种分配方式并存的分配制度,有利于调动广大社会成员的积极性,整合各种生产要素进行现代化建设,实现社会资源的充分利用和合理配置。

四、单一制下的民族区域自治制度

《宪法》"序言"规定,中华人民共和国是全国各族人民共同缔造的统一的多民族国家。平等团结互助和谐的社会主义民族关系已经确立,并将继续加强。在维护民族团结的斗争中,要反对大民族主义,主要是大汉族主义,也要反对地方民族主义。国家尽一切努力,促进全国各民族的共同繁荣。

《宪法》第 4 条规定,中华人民共和国各民族一律平等。国家保障各少数民族的合法的权利和利益,维护和发展各民族的平等团结互助和谐关系。禁止对任何民族的歧视和压迫,禁止破坏民族团结和制造民族分裂的行为。国家根据各少数民族的特点和需要,帮助各少数民族地区加速经济和文化的发展。各少数民族聚居的地方实行区域自治,设立自治机关,行使自治权。各民族自治地方都是中华人民共和国不可分离的部分。各民族都有使用和发展自己的语言文字的自由,都有保持或者改革自己的风俗习惯的自由。

《宪法》第三章第一节第 59 条第 1 款规定,全国人民代表大会由省、自治区、直辖市、特别行政区和军队选出的代表组成。各少数民族都应当有适当名额的代表。第六节"民族自治地方的自治机关"部分对作为民族区域自治制度重要内容的民族自治地方、民族自治地方的自治机关及自治权作出了规定。第八节"人民法院和人民检察院"部分对用本民族语言文字进行诉讼的权利作出了规定。

全国人大于 1984 年 5 月 31 日通过《中华人民共和国民族区域自治法》(以下简称《民族区域自治法》)。《民族区域自治法》除"序言"

外,共7章74条。该法规定民族区域自治是中国共产党解决我国民族问题的基本政策,是国家的一项基本政治制度,总结了实行民族区域自治的经验;规定了民族区域自治总的原则和基本内容;明确了民族自治地方的建立和自治机关的组成;确定了自治机关的自治权;规定了民族自治地方的人民法院和人民检察院的性质、权限;阐述了民族自治地方内的民族关系;规定了上级国家机关对民族自治地方领导和帮助的职责等。

1. 民族区域自治制度的概念

民族区域自治制度,是指在国家的统一领导下,以少数民族聚居区为基础,建立相应的民族自治地方,设立民族自治机关,行使宪法和法律规定的自治权的制度。民族区域自治制度的基本内容是:(1)国家统一;(2)民族自治和区域自治的结合;(3)自治权。

我国民族区域自治是中国共产党运用马克思列宁主义解决我国民族问题的基本政策,是我国的一项基本政治制度。我国民族区域自治是在国家统一领导下的自治。各民族自治地方都是中国不可分离的组成部分,各民族自治地方的自治机关都是中央政府领导下的一级地方政权,都必须服从中央政府的领导,维护国家的统一。与实行联邦制的国家不同,单一制国家的地方政权机关无权制定宪法,不得违背宪法规范的统一适用。《民族区域自治法》以及与之相配套的法律法规、民族自治地方的自治条例和单行条例不得与宪法相抵触。民族自治机关在行使同级的一般地方国家机关职权的同时,还依照宪法、民族区域自治法规定的权限行使自治权。民族区域自治的目的在于使聚居的少数民族能够根据本民族政治、经济、社会、文化等方面的特点,自主管理本地方本民族的内部事务,推动社会发展。因此,自治权是少数民族聚居区实现民族区域自治的核心内容之一。在国家统一领导下实行民族区域自治，体现了各民族平等、团结、共同繁荣的原则。

2. 我国实行民族区域自治制度的原因

确立和实行民族区域自治制度，是中国共产党坚持把马克思列宁主义民族基本理论与我国民族问题实际相结合的重大成果，是合乎中国国情的正确选择。

第一，历史依据。中国是有着悠久历史的统一的多民族国家。早在公元前221年，秦朝就实现了国家的统一。中国历代中央政权大都在实现政治统一的前提下，保持民族地区原有的社会制度和文化形态。尽管旧的社会制度下各民族之间不可能形成真正意义上的平等关系，民族之间曾经发生矛盾、冲突甚至战争，但中国历史上统一多民族国家的长期存在，极大地促进了各民族之间的政治、经济和文化交流，各民族对中央政权的向心力和认同感不断增强，形成了包括56个民族的中华民族。

第二，现实情况。我国的人口、资源分布和经济社会文化发展很不均衡。在长期的历史发展过程中，各民族频繁迁徙，逐渐形成了大杂居、小聚居的分布格局。汉族作为人口最多的民族遍布全国；少数民族人口虽少且主要居住在广大边疆地区，但在县级以上行政区域内都有少数民族居住。这种相互依存的人口分布状况决定了以少数民族聚居的地方为基础，建立不同类型和行政级别的民族自治地方，不仅必要，而且可行，它有利于民族关系的和谐稳定和各民族的共同发展。此外，少数民族聚居的地方面积广大，自然资源丰富，经济社会发展水平相对落后，实行民族区域自治，可以在充分发挥少数民族地区优势的同时，促进少数民族地区与其他地区之间的交流与合作，加快少数民族地区发展和国家的现代化建设，实现各地区的共同发展和各民族的共同繁荣。

第三,政治基础。自1840年以来,中国各民族共同肩负着反帝反封建、为民族解放和国家建设而奋斗的历史使命。在共御外敌、争取民族独立和解放的长期斗争中,在新中国成立以后社会主义建设事业的发展进程中,中国各民族建立了休戚与共的亲密关系,形成了合作共存的政治认同:伟大祖国是各民族的共同家园,国家的主权统一和领土完整,是各民族实现真正自由平等和发展的根本保障。因此,建立一个统一的多民族国家,是在少数民族地区实行民族区域自治的坚实的政治基础。

第四,理论依据。民族区域自治是统一的多民族国家解决民族问题的一项基本政治制度。马克思列宁主义认为民族区域自治是建立现代真正民主国家的条件,是解决民族问题的重要途径。列宁指出,尽管社会主义国家应坚持民主集中制,但“民主集中制不仅不排斥地方自治以及有独特的经济和生活条件、民族成分等等的区域自治,相反,它必须既要求地方自治,也要求区域自治”①。“如果不保证每一个在经济和生活上有较大特点并且民族成分不同等等的区域享有这样的自治,那么现代真正的民主国家就不可能设想了。”②可见,在统一的多民族国家实行民族区域自治,是马克思列宁主义的一个重要原则。我国实行民族区域自治制度,是把马克思列宁主义基本理论与我国民族问题的实际相结合的产物。

3. 实行民族区域自治制度的意义

第一,保障各少数民族当家作主。人民当家作主,是建设社会主义政治文明的核心内容和本质要求。民族区域自治制度的建立和发

---

① 《列宁选集》(第2卷),人民出版社2012年版,第359页。

② 《列宁选集》(第2卷),人民出版社2012年版,第360页。

展，保障各少数民族享有与汉族人民同等的民主权利，并且享有自主管理本民族内部事务的权利。根据宪法的规定，少数民族与汉族同样享有参与国家和地方事务管理的权利。我国建立了包括自治区、自治州、自治县等多层次的自治地方，颁布实施了《民族区域自治法》，使少数民族人民得以依法实现自治和管理本民族内部事务。

第二，促进民族关系的巩固和发展。通过实行民族区域自治制度，各民族之间互助合作不断增强，相互了解不断加深，少数民族和民族地区经济发展、社会进步、宗教信仰和风俗习惯得到尊重。实践表明，坚持和完善民族区域自治制度，有利于妥善处理汉族与少数民族、少数民族与少数民族以及各民族内部之间的关系，使各民族和睦相处、和衷共济、和谐发展。

第三，维护国家统一。民族区域自治是在维护国家统一的前提下实行的自治。只有实行民族区域自治制度，广大少数民族人民才能真正实现当家作主，才能有力维护国家统一。《宪法》“序言”规定，中华人民共和国是全国各族人民共同缔造的统一的多民族国家。各民族自治地方都是中华人民共和国不可分割的一部分。民族自治地方的自治机关必须维护国家的统一，保证宪法和法律在本地方的遵守和执行。

第四，促进少数民族地区政治、经济、文化和社会事业的发展。我国实行民族区域自治制度以来，国家积极促进少数民族地区的经济发展和社会进步。少数民族地区的经济迅速发展，社会不断进步，人民生活幸福安定，精神面貌发生翻天覆地的变化，民族区域自治制度的发展取得了巨大成就。

关于实行民族区域自治制度的意义，实际上，《宪法》第 4 条的规定已经非常明确，即保障各民族一律平等、保障各少数民族的合法的权利和利益，维护和发展各民族的平等团结互助和谐关系。

五、单一制下的特别行政区制度

《宪法》第31条规定，国家在必要时得设立特别行政区。在特别行政区内实行的制度按照具体情况由全国人民代表大会以法律规定。第62条第14项规定，全国人民代表大会行使下列职权：决定特别行政区的设立及其制度。

全国人大分别于1990年和1993年作出决定，设立香港特别行政区和澳门特别行政区。全国人大亦分别于1990年和1993年制定了《香港特别行政区基本法》和《澳门特别行政区基本法》，具体规定了特别行政区制度。

1. 特别行政区制度的概念

特别行政区是指我国按照"一国两制"方针设立并直辖于中央人民政府的特别行政区域。特别行政区制度是指我国根据"一国两制"方针对某些局部地区采用的特殊管理制度。"一国两制"与特别行政区制度依据宪法创设。特别行政区制度的基本内容是：

第一，维护国家统一。香港、澳门和台湾自古以来就是中国领土，香港、澳门回归是完成祖国统一大业取得的重大成果，解决台湾问题，实现祖国完全统一是中华民族所有成员的神圣职责和共同愿望。实行"一国两制"的底线是维护国家的统一、主权和领土完整，进而实现祖国统一。

第二，实行"一国两制"。"一国两制"包含"一国"和"两制"两个方面。"一国"是大前提，有了"一国"才能有"两制"。根据《香港特别行政区基本法》和《澳门特别行政区基本法》的规定，特别行政区是中华人民共和国不可分离的部分，是中华人民共和国的一个享有高度自治权的地方行政区域，中央对其享有全面管治权，这是一个方面。在特别行政区内保留原有的社会制度，特别行政区享有自治权，这是实行“一国两制”的另一个方面。

第三，实行高度自治。特别行政区以宪法和基本法为依据。实行高度自治，主要是指特别行政区依据全国人民代表大会的授权享有行政管理权、立法权、独立的司法权和终审权。特别行政区行使自治权的范围十分广泛，如特别行政区自行制定货币金融政策，有权发行香港货币或澳门货币，保持财政独立，财政收入全部用于自身需要，不上缴中央人民政府；中央人民政府不在特别行政区征税等。

第四，原有的资本主义制度和生活方式不变。根据“一国两制”基本方针、《香港特别行政区基本法》和《澳门特别行政区基本法》，香港、澳门原有的社会、经济制度不变，生活方式不变，法律基本不变，即保持原有的资本主义制度和生活方式 50 年不变。

第五，实行当地的爱国者治理。香港、澳门特别行政区的行政机关和立法机关都由香港、澳门的当地人组成。这就是通常所说的“港人治港”“澳人治澳”。“港人治港”“澳人治澳”必须以爱国者为主体。对国家效忠是从政者必须遵循的基本政治伦理。爱国是对治港、治澳者主体的基本政治要求。

2. 特别行政区的法律地位

根据《宪法》、《香港特别行政区基本法》和《澳门特别行政区基本法》的有关规定，香港、澳门特别行政区的法律地位，包括以下几个方面。

第一，特别行政区是中华人民共和国不可分离的部分。我国是单一制国家，国家的任何地方都是国家不可分离的部分。不可分离，是指特别行政区在任何情况下都没有退出中华人民共和国的权利。我国宪法、两部基本法没有赋予特别行政区举行公投的权力，香港、澳门特别行政区也不存在所谓民族自决的权利。

第二,特别行政区是直辖于中央人民政府的地方行政区域。我国内地的行政区域划分基本上采用四级,即省(自治区、直辖市)、设区的市、县(自治县、县级市、市辖区)和乡(民族乡、镇)。特别行政区直辖于中央人民政府,是指特别行政区属于我国第一级地方行政区域,相当于省、自治区、直辖市一级的地方行政区域。特别行政区由我国最高国家权力机关全国人民代表大会决定设立。

第三,特别行政区是实行高度自治的地方行政区域。香港、澳门特别行政区不同于我国内地省级地方,不仅仅是名称上的不同,而且还在于实行高度自治,保持原有的资本主义制度和生活方式长期不变,不实行社会主义制度和政策。特别行政区根据全国人民代表大会授权,享有行政管理权、立法权、独立的司法权和终审权,并享有一定的对外事务处理权。

香港、澳门特别行政区除悬挂和使用中华人民共和国国旗、国徽外,还可使用自己的区旗、区徽。香港特别行政区的区旗是五星花蕊的紫荆花红旗。香港特别行政区的区徽,中间是五星花蕊的紫荆花,周围写有“中华人民共和国香港特别行政区”和英文“香港”。澳门特别行政区的区旗是绘有五星、莲花、大桥、海水图案的绿色旗帜。澳门特别行政区的区徽,中间是五星、莲花、大桥、海水,周围写有“中华人民共和国澳门特别行政区”和葡文“澳门”。香港、澳门特别行政区的行政机关、立法机关和司法机关,除使用中文外,还可分别使用英文、葡文。

香港、澳门特别行政区享有的高度自治在性质上是一种地方自治,只是其自治的程度不仅超越我国各省、直辖市和自治区,而且还在许多方面超越了联邦制下各联邦成员的权力的自治程度,因此称为

"高度自治"。香港、澳门特别行政区的高度自治权并非其本身固有，而是中央通过基本法授权形成的。高度自治既不是"完全自治"，也不是"最大程度的自治"。《香港特别行政区基本法》《澳门特别行政区基本法》第 20 条均规定，特别行政区还可以享有中央授予的其他权力。

香港、澳门特别行政区有维护国家安全的宪制责任。《香港特别行政区基本法》《澳门特别行政区基本法》第 23 条均规定香港、澳门特别行政区应自行立法禁止任何叛国、分裂国家、煽动叛乱、颠覆中央人民政府及窃取国家机密的行为，禁止外国的政治性组织或团体在特别行政区进行政治活动，禁止特别行政区的政治性组织或团体与外国的政治性组织或团体建立联系。2009 年澳门特别行政区制定了第 2/2009号法律《维护国家安全法》，但香港特别行政区一直未能就相关内容完成立法。全国人大常委会为坚定不移并全面准确贯彻"一国两制"、"港人治港"、高度自治的方针，维护国家安全，防范、制止和惩治与香港特别行政区有关的分裂国家、颠覆国家政权、组织实施恐怖活动和勾结外国或者境外势力危害国家安全等犯罪，保持香港特别行政区的繁荣和稳定，保障香港特别行政区居民的合法权益，根据《宪法》、《香港特别行政区基本法》和全国人大《关于建立健全香港特别行政区维护国家安全的法律制度和执行机制的决定》，于 2020 年 6 月 30 日通过了《中华人民共和国香港特别行政区维护国家安全法》。

3. 中央在特别行政区行使的主要权力

中央对特别行政区享有全面管治权，包括可以通过《香港特别行政区基本法》《澳门特别行政区基本法》授予特别行政区高度自治权，并对所授予的高度自治权的行使进行监督。同时，中央在特别行政区还直接行使以下权力。

第一,负责管理与特别行政区有关的外交事务。外交是主权国家出于政治、经济和军事等方面的需求而与其他国家建立和发展国家与国家间的关系,通常由国家元首、政府首脑、外交部长和外交机关代表国家进行。外交是国家享有和行使主权的重要体现。在我国,外交权只能由中央人民政府掌握。中央人民政府通过以下几种形式管理与特别行政区有关的外交事务:(1)批准或同意特别行政区政府的代表参加中央人民政府进行的、同特别行政区直接有关的外交谈判;(2)中央人民政府采取某些措施,协助特别行政区参加某些国际组织和国际协议;(3)中央人民政府作出某种授权性决定,由特别行政区政府处理授权范围内的涉外事务。中华人民共和国外交部在香港、澳门设立驻香港特别行政区特派员公署、驻澳门特别行政区特派员公署。

第二,负责管理特别行政区的防务。防务是指为保卫国家的主权、领土完整和安全,防御外来的武装侵略和颠覆所采取的军事措施,是国家享有和行使主权的重要体现。特别行政区的防务是国家防务的一部分,只能由中央人民政府负责。《香港特别行政区基本法》第14条第3~5款规定,"中央人民政府派驻香港特别行政区负责防务的军队不干预香港特别行政区的地方事务。香港特别行政区政府在必要时,可向中央人民政府请求驻军协助维持社会治安和救助灾害。驻军人员除须遵守全国性的法律外,还须遵守香港特别行政区的法律。驻军费用由中央人民政府负担"。1996年12月30日第八届全国人大常委会第二十三次会议审议通过了《香港特别行政区驻军法》。《澳门特别行政区基本法》第14条没有直接提及驻军的问题,只规定中央人民政府负责管理澳门特别行政区的防务。负责防务就包含着驻军的权力。1999年6月28日第九届全国人大常委会第十次会议通过了《澳门特别行政区驻军法》。

第三,任命行政长官和政府主要官员。特别行政区行政长官在当地通过选举或协商产生以后,由中央人民政府任命。政府主要官员由行政长官提名并报请中央人民政府任命,以及由行政长官建议中央人民政府免除其职务。香港特别行政区政府主要官员包括各司司长、副司长,各局局长,廉政专员,审计署署长,警务处处长,入境事务处处长,海关关长。香港特别行政区各司包括政务司、财政司和律政司。澳门特别行政区政府主要官员包括各司司长、廉政专员、审计长、警察部门主要负责人和海关主要负责人。澳门特别行政区各司包括行政法务司、经济财政司、保安司、社会文化司和运输工务司。澳门特别行政区检察长由行政长官提名并报请中央人民政府任命,并由行政长官建议中央人民政府免除其职务。

中央人民政府对行政长官和政府主要官员的任命,是国家主权的体现,这是一种实质性的任命权,而非仅仅一项程序和手续上的形式权力。实质性的任命权,是指中央人民政府有权决定是否予以任命,是指既可以任命,也可以不任命。中央人民政府在任命行政长官和政府主要官员时,需要:(1)审查候任人是否具备基本法规定的法定条件;(2)审查行政长官候任人和政府主要官员候任人是否按照基本法规定的产生办法和提名办法产生。《香港特别行政区基本法》和《澳门特别行政区基本法》还明确规定行政长官对中央人民政府负责。负责是实质性的。行政长官必须每年到北京进行述职。

第四,审查和发回特别行政区制定的法律。特别行政区立法会制定的法律须报全国人大常委会备案。备案不影响该法律的生效。全国人大常委会在征询其所属的香港基本法委员会和澳门基本法委员会后,如认为特别行政区立法机关制定的任何法律不符合基本法关于中央管理的事务及中央和特别行政区的关系的条款,可将有关法律发回，但不作修改。经全国人大常委会发回的法律立即失效。该法律的失效，除特别行政区的法律另有规定外，无溯及力。

第五，对列入附件三的在特别行政区实施的全国性法律作出增减。《香港特别行政区基本法》《澳门特别行政区基本法》第 18 条均规定，全国人大常委会有权对列于附件三的在特别行政区实施的全国性法律予以增减。列入附件三的全国性法律仅限于有关国防、外交和其他按基本法不属于特别行政区自治范围内的法律。全国人大常委会对附件三的法律作出增减前，须征询其所属的香港、澳门特别行政区基本法委员会和香港、澳门特别行政区政府的意见。

第六，对行政长官产生办法和立法会产生办法修改的主导权和最后决定权。《香港特别行政区基本法》在起草过程中，有关行政长官和立法会如何产生的办法，引起了广泛关注和争议。为了解决问题，避免无休止的争论，《香港特别行政区基本法》第 45 条第 2 款规定，“行政长官的产生办法根据香港特别行政区的实际情况和循序渐进的原则而规定，最终达至由一个有广泛代表性的提名委员会按民主程序提名后普选产生的目标”；第 68 条第 2 款规定，“立法会的产生办法根据香港特别行政区的实际情况和循序渐进的原则而规定，最终达至全部议员由普选产生的目标”，并设计了附件一《香港特别行政区行政长官的产生办法》和附件二《香港特别行政区立法会的产生办法和表决程序》，附件一第 7 条和附件二第 3 条规定了附件一和附件二在 2007 年以后的修改程序。《澳门特别行政区基本法》在参照《香港特别行政区基本法》的基础上，也规定了附件一《澳门特别行政区行政长官的产生办法》和附件二《澳门特别行政区立法会的产生办法》。

第七，决定特别行政区进入非常状态。《香港特别行政区基本法》《澳门特别行政区基本法》第 18 条都规定全国人大常委会决定宣布战争状态或因特别行政区内发生特别行政区政府不能控制的危及国家统一或安全的动乱而决定特别行政区进入紧急状态。在这两种非常情况下,中央人民政府可发布命令将有关全国性法律在特别行政区实施。

第八,解释基本法。《香港特别行政区基本法》第 158 条、《澳门特别行政区基本法》第 143 条明确规定基本法的解释权属于全国人大常委会。全国人大常委会在解释香港、澳门基本法前,征询其所属的香港、澳门特别行政区基本法委员会的意见。

同时,考虑到特别行政区法院审理案件需要,《香港特别行政区基本法》《澳门特别行政区基本法》又规定全国人大常委会授权特别行政区法院解释基本法:(1)全国人大常委会授权法院在审理案件时对基本法关于特别行政区自治范围内的条款自行解释;(2)特别行政区法院在审理案件时对基本法的其他条款也可解释,但如特别行政区法院在审理案件时需要对基本法关于中央人民政府管理的事务或中央与特别行政区关系的条款进行解释,而该条款的解释又影响案件的判决,在对该案件作出不可上诉的终局判决前,应由终审法院提请全国人大常委会对有关条款作出解释。如全国人大常委会作出解释,特别行政区法院在引用该条款时,应以全国人大常委会的解释为准。但在此以前作出的判决不受影响。

第九,修改基本法。《香港特别行政区基本法》第 159 条和《澳门特别行政区基本法》第 144 条都明确规定基本法的修改权属于全国人民代表大会。

第十,其他权力。中央有关国家机构除了享有上述有关权力外,还行使其他方面的权力。

4. 特别行政区的高度自治权

根据《香港特别行政区基本法》《澳门特别行政区基本法》的规定，全国人民代表大会授权特别行政区依照基本法的规定实行高度自治，享有行政管理权、立法权、独立的司法权和终审权；中央人民政府授权特别行政区依照基本法自行处理有关的对外事务；特别行政区还可以享有全国人民代表大会、全国人民代表大会常务委员会或国务院授予的其他权力。

特别行政区高度自治权的内容包括以下几个方面。

第一，行政管理权。行政管理权是指管理特别行政区各项行政事务的权力。《香港特别行政区基本法》《澳门特别行政区基本法》第 16 条都规定香港、澳门特别行政区享有行政管理权，依照基本法的有关规定自行处理香港、澳门特别行政区的行政事务。除了外交、防务以及其他基本法规定由中央人民政府处理的行政事务外，特别行政区享有广泛的行政管理权。

中央授权特别行政区享有的行政管理权，几乎涵盖了社会生活的方方面面，包括行政决策与执行、人事任免、社会治安，以及对经济贸易、财政金融、土地、航运、教育文化事业、医疗科技、体育事业、社会福利政策、专业资格、劳工事务、出入境事务等方面。特别行政区是我国的一个地方行政区域，其处理的行政事务，自然也仅限于特别行政区内部的地方行政事务。

第二，立法权。立法权是指依照法定程序制定、修改和废除法律的权力。《香港特别行政区基本法》《澳门特别行政区基本法》第 17 条均规定香港、澳门特别行政区享有立法权。我国省级人大及其常委会制定的规范性文件只能称为“地方性法规”，而不能称为“法律”。特别行政区立法机关制定的规范性文件可以称为“法律”。这是特别行政区享有高度自治权的重要体现。

由于实行“一国两制”，特别行政区有自己相对独立的法律体系和法律制度。全国性的法律一般不在特别行政区实施。除了国防、外交和其他不属于特别行政区自治范围内的事项外，特别行政区有权就高度自治范围内的所有事务进行立法，而且既可以制定单行性的法律，也可以制定法典性的法律。

第三，独立的司法权和终审权。《香港特别行政区基本法》《澳门特别行政区基本法》第 19 条均规定，香港、澳门特别行政区享有独立的司法权和终审权。这里的“独立”含义，不仅是指独立于香港、澳门特别行政区内的其他机关、团体和个人，而且也是指独立于内地司法机关。香港、澳门特别行政区法院除继续保持香港、澳门原有法律制度和原则对法院审判权所作的限制外，对香港、澳门特别行政区所有的案件均有审判权。特别行政区法院的审判工作不受最高人民法院和内地各省、自治区、直辖市人民法院的干预。最高人民法院无权对特别行政区法院管辖的案件进行提审、改判或指定别的法院予以审理。

在通常情况下，单一制国家的地方行政区域不能享有终审权。香港、澳门回归前，也从未享有过终审权。香港、澳门特别行政区享有终审权，是特别行政区享有高度自治权的一个重要内容和重要特征。特别行政区终审权属于特别行政区终审法院。特别行政区终审法院的判决和裁定是不可上诉的最终判决和裁定。

特别行政区法院对国防、外交等国家行为无管辖权。法院在审理案件中遇有涉及国防、外交等国家行为的事实问题，应取得行政长官就该等问题发出的证明文件，上述文件对法院有约束力。行政长官在发出证明文件前，须取得中央人民政府的证明书。

第四，自行处理对外事务的权力。香港、澳门回归中国，外交必须统一于中央人民政府。但是，考虑到香港和澳门是国际性城市，是许多国际组织、国际条约的成员，因此基本法规定中央人民政府授权特别行政区依照基本法自行处理一定的对外事务。特别行政区的对外事务处理权，是指特别行政区在中央人民政府授权下处理对外交往过程中有关经济与文化方面事务的权力。

基本法里所指的外交事务与对外事务是两个不同的概念，其主要区别是：(1)主体不同，外交事务的主体是国家，而对外事务的主体是特别行政区，是我国主权管辖下的地方行政区域；(2)来源不同，处理外交事务是主权国家的内政，是国家的主权行为，是主权本身所固有的权力，而对外事务，并非特别行政区本身所固有，而是中央授权其行使的；(3)范围不同，外交作为主权的重要组成部分，其权力本身是无限的，处理外交事务的范围也是无限的，而对外事务，是授权来的，处理对外事务的权力是有限的，其范围也是有限的。

第五，其他授予的权力。《香港特别行政区基本法》《澳门特别行政区基本法》第20条均规定，特别行政区还可以享有全国人民代表大会、全国人民代表大会常委会、中央人民政府授予的其他权力。如1996年5月15日第八届全国人大常委会第十九次会议、1998年12月29日第九届全国人大常委会第六次会议，先后授权香港、澳门特别行政区政府指定其有关机构处理有关国籍申请事宜；国务院先后于1997年6月28日、1999年12月18日作出决定，授权香港、澳门特别行政区政府自1997年7月1日、1999年12月20日起接收和负责审核或核对原香港、澳门政府的全部资产和债务；2006年10月31日第十届全国人大常委会第二十四次会议授权香港特别行政区管辖深圳湾口岸内设立的港方口岸区；2009年6月27日第十一届全国人大常委会第九次会议通过决定,授权澳门特别行政区对设在横琴岛的澳门大学新校区实行管辖等。

尽管《香港特别行政区基本法》《澳门特别行政区基本法》对中央与特别行政区的职权作了明确规定,但是中央与特别行政区的关系不是联邦制下联邦与联邦成员的分权关系,而是单一制下中央与地方的授权关系。中央的全面管治权与特区的高度自治权并不是完全孤立的、机械的甚至对立的,两者是有机结合的。特别行政区高度自治权因中央全面管治权授权而形成,并在中央全面管治权下运作,中央对授出的高度自治权还有监督的权力和责任。在任何情况下,特别行政区都不能以高度自治的名义对抗中央在特别行政区行使的权力。

六、基层群众性自治制度

《宪法》第 111 条第 1 款第 1 句规定:"城市和农村按居民居住地区设立的居民委员会或者村民委员会是基层群众性自治组织。"全国人大常委会分别制定了《中华人民共和国城市居民委员会组织法》(以下简称《城市居民委员会组织法》)、《中华人民共和国村民委员会组织法》(以下简称《村民委员会组织法》),具体规定了基层群众性自治制度。我国在城市和农村设立基层群众性自治组织,实行基层群众性自治制度。

1. 基层群众性自治制度的概念

基层群众性自治制度是指依照宪法和有关法律规定,由居民(村民)选举的成员组成居民(村民)委员会,实行自我管理、自我教育、自我服务、自我监督的制度,是我国一项基本政治制度。现行《城市居民委员会组织法》《村民委员会组织法》也分别作出具体规定,从而奠定了基层群众自治制度的规范基础,为基层群众自治组织的设立提供了法律依据。

基层群众自治制度是在新中国成立后的民主实践中逐步形成的，其主要有以下特点。

第一，基层群众自治组织以居民委员会和村民委员会为组织形式，具有群众性的特点，不同于国家政权组织形式。

第二，基层群众自治组织既不是国家机关的下级组织，又不从属于居民（村民）居住地范围内的其他任何社会组织，而是一个具有自治性质的基层群众组织，自治是其最主要的特色。

第三，基层群众自治组织没有上级组织，更没有全国性、地区性的统一组织，其只存在于居民（村民）居住地区范围内的基层社区，而且其所从事的工作都是居民（村民）居住范围内社区的公共事务和公益事业，具有基层性的特点。

根据宪法的规定，在城市基层的居民委员会和在农村基层的村民委员会是基层群众自治组织的两种基本形式。

2. 居民委员会的性质和任务

居民委员会是居民自我管理、自我教育、自我服务的基层群众性自治组织。根据《城市居民委员会组织法》规定，居民委员会的设立主要包括以下内容：将根据居民居住状况、便于居民自治作为设立居民委员会的原则；根据我国城市生活实际，将居民委员会的设置范围规定为“一百户至七百户”；《城市居民委员会组织法》第6条第2款规定，“居民委员会的设立、撤销、规模调整，由不设区的市、市辖区的人民政府决定”。

根据1989年12月26日第七届全国人大常委会第十一次会议通过、2018年12月29日第十三届全国人大常委会第七次会议修改的《城市居民委员会组织法》的规定，居民委员会的组织主要包括居民委员会的组成、产生、任期、活动方式、有关机构和经费来源等。居民委员会由主任、副主任和委员共5～9人组成。居民委员会主任、副主任和委员,由本居住地区全体有选举权的居民或者由每户派代表选举产生;根据居民意见,也可以由每个居民小组选举代表2～3人选举产生。居民委员会每届任期5年,其成员可以连选连任。

居民委员会根据需要设人民调解、治安保卫、公共卫生等委员会。居民委员会向居民会议负责并报告工作。居民会议由居民委员会召集和主持。涉及全体居民利益的重要问题,居民委员会必须提请居民会议讨论决定。居民委员会决定问题,采取少数服从多数的原则。

居民委员会的任务是:宣传宪法、法律、法规和国家的政策,维护居民的合法权益,教育居民履行依法应尽的义务,爱护公共财产,开展多种形式的社会主义精神文明建设活动;办理本居住地区居民的公共事务和公益事业;调解民间纠纷;协助维护社会治安;协助人民政府或者它的派出机关做好与居民利益有关的公共卫生、计划生育、优抚救济、青少年教育等项工作;向人民政府或者它的派出机关反映居民的意见、要求和提出建议。

3. 村民委员会的性质和任务

村民委员会是村民自我管理、自我教育、自我服务的基层群众性自治组织。按照1998年11月4日第九届全国人大常委会第五次会议通过、2010年10月28日第十一届全国人大常委会第十七次会议修订、2018年12月29日第十三届全国人大常委会第七次会议修正的《村民委员会组织法》的规定,村民委员会的设立包括设立的原则和设立的程序两方面内容。《村民委员会组织法》第3条第1款规定,村民委员会根据村民居住状况、人口多少,按照便于群众自治,有利于经济发展和社会管理的原则设立。《村民委员会组织法》第3条第2款规定,村民委员会的设立、撤销、范围调整,由乡、民族乡、镇的人民政府提出,经村民会议讨论同意,报县级人民政府批准。

根据《村民委员会组织法》的规定,村民委员会的组织涉及村民委员会的组成、产生、任期、活动方式及有关机构等方面。村民委员会由主任、副主任和委员共3~7人组成。村民委员会主任、副主任和委员,依法由村民直接选举产生。村民委员会每届任期5年,届满应当及时举行换届选举。村民委员会成员可以连选连任。村民委员会实行少数服从多数的民主决策机制和公开透明的工作原则。村民委员会实行村务公开制度。村民委员会根据需要设人民调解、治安保卫、公共卫生与计划生育等委员会。

村民会议由村民委员会依法召集。村民会议审议村民委员会的年度工作报告,评议村民委员会成员的工作;有权撤销或者变更村民委员会不适当的决定;有权撤销或者变更村民代表会议不适当的决定。

村民委员会的主要职责是:应当支持和组织村民依法发展各种形式的合作经济和其他经济,承担本村生产的服务和协调工作,促进农村生产建设和经济发展;依照法律规定,管理本村属于村农民集体所有的土地和其他财产,引导村民合理利用自然资源,保护和改善生态环境;应当尊重并支持集体经济组织依法独立进行经济活动的自主权,维护以家庭承包经营为基础、统分结合的双层经营体制,保障集体经济组织和村民、承包经营户、联户或者合伙的合法财产权和其他合法权益;村民委员会应当宣传宪法、法律、法规和国家的政策,教育和推动村民履行法律规定的义务、爱护公共财产,维护村民的合法权益,发展文化教育,普及科技知识,开展多种形式的社会主义精神文明建设活动等。

4. 基层群众性自治组织与基层政权的关系

《宪法》第 111 条第 1 款第 3 句规定:“居民委员会、村民委员会同基层政权的相互关系由法律规定。”基层政权作为国家在基层行政区域内设立的国家机关及其行使职权的统一体,在城市指的是不设区的市、市辖区的人民代表大会及其常委会和人民政府及其职权的统一体,在农村指的是乡、民族乡、镇人民代表大会和人民政府及其职权的统一体。因此,基层群众自治组织与基层政权的关系,包括基层群众自治组织与基层人民代表大会的相互关系以及同基层人民政府的相互关系。

第一,基层群众自治组织与基层人民代表大会的相互关系。基层群众自治组织与基层人民代表大会的相互关系,在我国现行宪法和相关法律中没有明文规定,但从二者的性质和职权中可予以考察和分析。一方面,基层群众自治组织要严格遵守和贯彻基层人民代表大会及其常委会的决议和决定,开展自治活动,依法参与有关基层人民代表大会的活动并反映居民(村民)的意见和要求。另一方面,基层人民代表大会要依法对基层群众自治组织进行监督,保证宪法、法律、法规以及有关决定、决议在基层群众自治组织的实施,对基层群众自治工作给予指导、帮助和支持,对其他机关或组织妨碍基层群众自治的行为进行有效干预,保障基层群众自治的实现。

第二,基层群众自治组织与基层人民政府的相互关系。根据宪法规定,《城市居民委员会组织法》和《村民委员会组织法》对基层群众自治组织与基层人民政府之间的相互关系作了规定。《城市居民委员会组织法》第 2 条第 2 款规定:“不设区的市、市辖区的人民政府或者它的派出机关对居民委员会的工作给予指导、支持和帮助。居民委员会协助不设区的市、市辖区的人民政府或者它的派出机关开展工作。”

《村民委员会组织法》第5条规定："乡、民族乡、镇的人民政府对村民委员会的工作给予指导、支持和帮助，但是不得干预依法属于村民自治范围内的事项。村民委员会协助乡、民族乡、镇的人民政府开展工作。"

七、基本权利保障制度

如前所述，现行宪法在体系安排上与前三部宪法不同，将"公民的基本权利和义务"部分从原来的第三章提到第二章，即将"国家机构"部分与"公民的基本权利和义务"部分前后更换了位置。这一变化说明，公民的基本权利是第一位的，国家机构是第二位的，更突出地表明公民基本权利的重要性。2004年《宪法修正案》并在原"公民的基本权利"表述的基础上，增加规定"国家尊重和保障人权"，明确了国家在尊重和保障人权方面的义务。

1. 我国公民基本权利体系

现行宪法以权利清单的方式规定了基本权利体系。

第一，平等权。《宪法》第33条第1、2款规定，凡具有中华人民共和国国籍的人都是中华人民共和国公民。中华人民共和国公民在法律面前一律平等。第4条第1款第1句规定，中华人民共和国各民族一律平等。第48条第1款规定，中华人民共和国妇女在政治的、经济的、文化的、社会的和家庭的生活等各方面享有同男子平等的权利。

第二，政治权利和自由。政治权利主要指选举权和被选举权。《宪法》第34条规定，中华人民共和国年满18周岁的公民，不分民族、种族、性别、职业、家庭出身、宗教信仰、教育程度、财产状况、居住期限，都有选举权和被选举权；但是依照法律被剥夺政治权利的人除外。政治自由主要指《宪法》第35条规定的言论、出版、集会、结社、游行、示威自由。

第三,宗教信仰自由。《宪法》第 36 条第 1、2 款规定,中华人民共和国公民有宗教信仰自由。任何国家机关、社会团体和个人不得强制公民信仰宗教或者不信仰宗教,不得歧视信仰宗教的公民和不信仰宗教的公民。

第四,人身自由。《宪法》第 37 条第 1 款规定了公民的人身自由不受侵犯;第 38 条规定了公民的人格尊严不受侵犯;第 39 条规定了公民的住宅不受侵犯;第 40 条规定了通信自由和通信秘密受法律的保护。

第五,监督权。《宪法》第 41 条第 1、3 款规定,公民对于任何国家机关和国家工作人员,有提出批评和建议的权利;对于任何国家机关和国家工作人员的违法失职行为,有向有关国家机关提出申诉、控告或者检举的权利,但是不得捏造或者歪曲事实进行诬告陷害。由于国家机关和国家工作人员侵犯公民权利而受到损失的人,有依照法律规定取得赔偿的权利。

第六,社会经济权利。包括公民的财产权、劳动权利,如劳动者的休息权、退休人员的生活保障权、公民获得物质帮助权等。

第七,文化教育权利和自由。包括公民的受教育权、公民进行科学研究、文学艺术创作和其他文化活动的自由。

第八,妇女的平等权。《宪法》第 48 条规定,中华人民共和国妇女在政治的、经济的、文化的、社会的和家庭的生活等各方面享有同男子平等的权利。国家保护妇女的权利和利益,实行男女同工同酬,培养和选拔妇女干部。

第九,婚姻、家庭、母亲和儿童受国家保护利。《宪法》第 49 条第 1、3、4 款规定,婚姻、家庭、母亲和儿童受国家的保护。父母有抚养教育未成年子女的义务,成年子女有赡养扶助父母的义务。禁止破坏婚姻自由,禁止虐待老人、妇女和儿童。

第十,华侨、归侨和侨眷的正当权利或者合法权利。

《宪法》明确列举了上述公民的基本权利,还有一些基本权利未作出列举,如生命权、健康权等。从“国家尊重和保障人权”这一条款可以推导出,我国宪法也包含这些重要的宪法权利。

2. 关于基本权利保护条款的社会主义特色

我国是社会主义国家,在宪法上除明确列举某项公民基本权利外,还规定该项公民基本权利的保障措施。

例如,《宪法》第 36 条规定,中华人民共和国公民有宗教信仰自由。任何国家机关、社会团体和个人不得强制公民信仰宗教或者不信仰宗教,不得歧视信仰宗教的公民和不信仰宗教的公民。国家保护正常的宗教活动。任何人不得利用宗教进行破坏社会秩序、损害公民身体健康、妨碍国家教育制度的活动。宗教团体和宗教事务不受外国势力的支配。

又如,《宪法》第 42 条规定,中华人民共和国公民有劳动的权利和义务。国家通过各种途径,创造劳动就业条件,加强劳动保护,改善劳动条件,并在发展生产的基础上,提高劳动报酬和福利待遇。劳动是一切有劳动能力的公民的光荣职责。国有企业和城乡集体经济组织的劳动者都应当以国家主人翁的态度对待自己的劳动。国家提倡社会主义劳动竞赛,奖励劳动模范和先进工作者。国家提倡公民从事义务劳动。国家对就业前的公民进行必要的劳动就业训练。

再如,《宪法》第 43 条规定,中华人民共和国劳动者有休息的权利。国家发展劳动者休息和休养的设施,规定职工的工作时间和休假制度。

3. 对限制权利的权力进行反限制

一方面，宪法列举的公民基本权利是公民最重要、最主要的权利；另一方面，基于人的社会性和维护社会共同体利益的需要，有必要对公民基本权利进行限制。在此情况下，对公民基本权利最有效的保障是对限制公民基本权利的权力进行限制，即对限制权利的权力进行反限制。我国现行宪法采用了一些反限制的规定。

第一，宪法保留原则。所谓宪法保留，是指只有宪法才能对某些公民基本权利进行限制，宪法之外的法律文件不得进行限制。或者说，只有宪法才能规定这些事项，其他法律文件不得规定这些事项。

例如，《宪法》第 36 条第 1、2 款规定，中华人民共和国公民有宗教信仰自由。任何国家机关、社会团体和个人不得强制公民信仰宗教或者不信仰宗教，不得歧视信仰宗教的公民和不信仰宗教的公民。

又如，《宪法》第 37 条规定，中华人民共和国公民的人身自由不受侵犯。任何公民，非经人民检察院批准或者决定或者人民法院决定，并由公安机关执行，不受逮捕。禁止非法拘禁和以其他方法非法剥夺或者限制公民的人身自由，禁止非法搜查公民的身体。

再如，《宪法》第 38 条规定，中华人民共和国公民的人格尊严不受侵犯。禁止用任何方法对公民进行侮辱、诽谤和诬告陷害。

第二，法律保留原则。所谓法律保留，是指只有法律才能对公民基本权利进行限制，法律之外的其他法律文件不得进行限制。或者说，只有法律才能规定这些事项，法律之外的法律文件不得规定这些事项。

现行《宪法》上对法律保留作出了规定。例如，第 31 条规定，国家在必要时得设立特别行政区。在特别行政区内实行的制度按照具体情况由全国人民代表大会以法律规定。第 34 条规定，中华人民共和国年满 18 周岁的公民,不分民族、种族、性别、职业、家庭出身、宗教信仰、教育程度、财产状况、居住期限,都有选举权和被选举权;但是依照法律被剥夺政治权利的人除外。第 41 条第 3 款规定,由于国家机关和国家工作人员侵犯公民权利而受到损失的人,有依照法律规定取得赔偿的权利。

在法律层面也对法律保留作出了规定,其中,《立法法》第 11、12 条的规定最为集中和典型。第 11 条规定,下列事项只能制定法律:(1)国家主权的事项;(2)各级人民代表大会、人民政府、监察委员会、人民法院和人民检察院的产生、组织和职权;(3)民族区域自治制度、特别行政区制度、基层群众自治制度;(4)犯罪和刑罚;(5)对公民政治权利的剥夺、限制人身自由的强制措施和处罚;(6)税种的设立、税率的确定和税收征收管理等税收基本制度;(7)对非国有财产的征收、征用;(8)民事基本制度;(9)基本经济制度以及财政、海关、金融和外贸的基本制度;(10)诉讼制度和仲裁基本制度;(11)必须由全国人民代表大会及其常务委员会制定法律的其他事项。

《立法法》第 12 条将第 11 条规定的法律保留事项区分为相对法律保留和绝对法律保留:"本法第十一条规定的事项尚未制定法律的,全国人民代表大会及其常务委员会有权作出决定,授权国务院可以根据实际需要,对其中的部分事项先制定行政法规,但是有关犯罪和刑罚、对公民政治权利的剥夺和限制人身自由的强制措施和处罚、司法制度等事项除外。"相对法律保留的事项可以授权国务院制定行政法规,而绝对法律保留事项不可以授权国务院制定行政法规。

第三,限制权利必须具有正当理由。其正当理由主要是:(1)内在限制,即公民基本权利体系内部权利之间的冲突,而需要对权利进行的限制。例如,《宪法》第 51 条规定,中华人民共和国公民在行使自由和权利的时候，不得损害国家的、社会的、集体的利益和其他公民的合法的自由和权利。(2)外在限制，即公民基本权利外部因素而进行的限制。例如，《宪法》第 40 条规定，中华人民共和国公民的通信自由和通信秘密受法律的保护。除因国家安全或者追查刑事犯罪的需要，由公安机关或者检察机关依照法律规定的程序对通信进行检查外，任何组织或者个人不得以任何理由侵犯公民的通信自由和通信秘密。该条款意味着，可以对公民的通信自由和通信秘密进行限制，但只限于基于国家安全或者追查刑事犯罪的需要。

第四，限制权利必须符合正当程序。例如，《宪法》第 37 条规定，中华人民共和国公民的人身自由不受侵犯。任何公民，非经人民检察院批准或者决定或者人民法院决定，并由公安机关执行，不受逮捕。禁止非法拘禁和以其他方法非法剥夺或者限制公民的人身自由，禁止非法搜查公民的身体。该条款意味着，对公民进行逮捕，必须经过人民检察院批准、决定或者人民法院决定，并由公安机关执行，否则，即为非法拘禁和以其他方法非法剥夺或者限制公民的人身自由。

八、中国特色的社会主义立法制度

国务院新闻办公室于 2011 年 10 月发表了《中国特色社会主义法律体系》白皮书。该白皮书指出，中国特色社会主义法律体系，是以宪法为统帅，以法律为主干，以行政法规、地方性法规为重要组成部分，由宪法相关法、民法商法、行政法、经济法、社会法、刑法、诉讼与非诉讼程序法等多个法律部门组成的有机统一整体。

各国的历史文化传统、具体国情和发展道路不同，社会制度、政治制度和经济制度不同，决定了各国的法律体系必然具有不同特征。中国特色社会主义法律体系，是新中国成立以来特别是改革开放 40 多年来经济社会发展实践经验制度化、法律化的集中体现，是中国特色社会主义制度的重要组成部分，具有十分鲜明的特征：(1)中国特色社会主义法律体系体现了中国特色社会主义的本质要求；(2)中国特色社会主义法律体系体现了改革开放和社会主义现代化建设的时代要求；(3)中国特色社会主义法律体系体现了结构内在统一而又多层次的国情要求；(4)中国特色社会主义法律体系体现了继承中国法制文化优秀传统和借鉴人类法制文明成果的文化要求；(5)中国特色社会主义法律体系体现了动态、开放、与时俱进的发展要求。

根据具体国情、特定的社会发展阶段需要、单一制国家结构形式、民主集中制的人民代表大会制度等，我国形成了中国特色的社会主义立法制度。

1. 全国人大制定和修改宪法

宪法是国家的根本法，具有最高法律效力。全国人大是我国的最高国家权力机关，是全国人民的统一意志和最高利益的代表者。因此，全国人大是我国制定宪法和修改宪法的唯一主体。

第一届全国人大于 1954 年制定了我国的第一部宪法。现行《宪法》第 62 条第 1 项规定，全国人民代表大会行使下列职权：修改宪法。第 64 条规定，宪法的修改，由全国人民代表大会常务委员会或者 1/5 以上的全国人民代表大会代表提议，并由全国人民代表大会以全体代表的 2/3 以上的多数通过。法律和其他议案由全国人民代表大会以全体代表的过半数通过。

《立法法》第 98 条规定，宪法具有最高的法律效力，一切法律、行政法规、地方性法规、自治条例和单行条例、规章都不得同宪法相抵触。

2. 全国人大和全国人大常委会行使国家立法权

《宪法》第 58 条规定，全国人民代表大会和全国人民代表大会常务委员会行使国家立法权。

如前所述,《立法法》第11条对国家立法权的事项即法律保留事项作出了明确规定。现行宪法对全国人大和全国人大常委会行使的国家立法权事项进行了分工。第62条第3项规定,全国人民代表大会行使下列职权:制定和修改刑事、民事、国家机构的和其他的基本法律。第67条第2、3项规定,全国人民代表大会常务委员会行使下列职权:制定和修改除应当由全国人民代表大会制定的法律以外的其他法律;在全国人民代表大会闭会期间,对全国人民代表大会制定的法律进行部分补充和修改,但是不得同该法律的基本原则相抵触。

《立法法》第99条第1款规定,法律的效力高于行政法规、地方性法规、规章。

3. 国务院制定行政法规

《宪法》第89条第1项规定,国务院行使下列职权:根据宪法和法律,规定行政措施,制定行政法规,发布决定和命令。

《立法法》第72条规定,国务院根据宪法和法律,制定行政法规。行政法规可以就下列事项作出规定:(1)为执行法律的规定需要制定行政法规的事项;(2)《宪法》第89条规定的国务院行政管理职权的事项。应当由全国人民代表大会及其常务委员会制定法律的事项,国务院根据全国人民代表大会及其常务委员会的授权决定先制定的行政法规,经过实践检验,制定法律的条件成熟时,国务院应当及时提请全国人民代表大会及其常务委员会制定法律。

《立法法》第99条第2款规定,行政法规的效力高于地方性法规、规章。

4. 国家监察委员会制定监察法规

全国人大常委会于2019年作出的《关于国家监察委员会制定监

察法规的决定》授权国家监察委员会根据宪法和法律，制定监察法规。监察法规可以就下列事项作出规定：(1)为执行法律的规定需要制定监察法规的事项；(2)为履行领导地方各级监察委员会工作的职责需要制定监察法规的事项。根据这一授权，国家监察委员会于2021年7月20日通过了《监察法实施条例》。2023年修改的《立法法》第118条规定，国家监察委员会根据宪法和法律、全国人民代表大会常务委员会的有关决定，制定监察法规，报全国人民代表大会常务委员会备案。

5. 设区的市级的地方人大及其常委会制定地方性法规

《宪法》第100条规定："省、直辖市的人民代表大会和它们的常务委员会，在不同宪法、法律、行政法规相抵触的前提下，可以制定地方性法规，报全国人民代表大会常务委员会备案。设区的市的人民代表大会和它们的常务委员会，在不同宪法、法律、行政法规和本省、自治区的地方性法规相抵触的前提下，可以依照法律规定制定地方性法规，报本省、自治区人民代表大会常务委员会批准后施行。"

《立法法》第81条第1款规定："设区的市的人民代表大会及其常务委员会根据本市的具体情况和实际需要，在不同宪法、法律、行政法规和本省、自治区的地方性法规相抵触的前提下，可以对城乡建设与管理、生态文明建设、历史文化保护、基层治理等方面的事项制定地方性法规，法律对设区的市制定地方性法规的事项另有规定的，从其规定。设区的市的地方性法规须报省、自治区的人民代表大会常务委员会批准后施行。省、自治区的人民代表大会常务委员会对报请批准的地方性法规，应当对其合法性进行审查，认为同宪法、法律、行政法规和本省、自治区的地方性法规不抵触的，应当在四个月内予以批准。"

《立法法》第82条第1、2款规定："地方性法规可以就下列事项作出规定:(一)为执行法律、行政法规的规定,需要根据本行政区域的实际情况作具体规定的事项;(二)属于地方性事务需要制定地方性法规的事项。除本法第十一条规定的事项外,其他事项国家尚未制定法律或者行政法规的,省、自治区、直辖市和设区的市、自治州根据本地方的具体情况和实际需要,可以先制定地方性法规。在国家制定的法律或者行政法规生效后,地方性法规同法律或者行政法规相抵触的规定无效,制定机关应当及时予以修改或者废止。"

《立法法》第 100 条第 1 款规定,地方性法规的效力高于本级和下级地方政府规章。

6. 经济特区法规

《立法法》第 84 条第 1 款规定,经济特区所在地的省、市的人民代表大会及其常务委员会根据全国人民代表大会的授权决定,制定法规,在经济特区范围内实施。

《立法法》第 101 条第 2 款规定,经济特区法规根据授权对法律、行政法规、地方性法规作变通规定的,在本经济特区适用经济特区法规的规定。

7. 民族自治地方的人大制定自治条例和单行条例

《宪法》第 116 条规定,民族自治地方的人民代表大会有权依照当地民族的政治、经济和文化的特点,制定自治条例和单行条例。自治区的自治条例和单行条例,报全国人民代表大会常务委员会批准后生效。自治州、自治县的自治条例和单行条例,报省或者自治区的人民代表大会常务委员会批准后生效,并报全国人民代表大会常务委员会备案。

《立法法》第 85 条第 2 款规定,自治条例和单行条例可以依照当地民族的特点,对法律和行政法规的规定作出变通规定,但不得违背法律或者行政法规的基本原则,不得对宪法和民族区域自治法的规定以及其他有关法律、行政法规专门就民族自治地方所作的规定作出变通规定。

《立法法》第 101 条第 1 款规定,自治条例和单行条例依法对法律、行政法规、地方性法规作变通规定的,在本自治地方适用自治条例和单行条例的规定。

8. 国务院部门制定部门规章

《宪法》第 90 条第 2 款规定,各部、各委员会根据法律和国务院的行政法规、决定、命令,在本部门的权限内,发布命令、指示和规章。

《立法法》第 91 条规定,国务院各部、委员会、中国人民银行、审计署和具有行政管理职能的直属机构以及法律规定的机构,可以根据法律和国务院的行政法规、决定、命令,在本部门的权限范围内,制定规章。部门规章规定的事项应当属于执行法律或者国务院的行政法规、决定、命令的事项。没有法律或者国务院的行政法规、决定、命令的依据,部门规章不得设定减损公民、法人和其他组织权利或者增加其义务的规范,不得增加本部门的权力或者减少本部门的法定职责。第 92 条规定,涉及两个以上国务院部门职权范围的事项,应当提请国务院制定行政法规或者由国务院有关部门联合制定规章。

9. 设区的市级以上的地方人民政府制定地方政府规章

《立法法》第 93 条第 1 ~ 3 款规定,省、自治区、直辖市和设区的市、自治州的人民政府,可以根据法律、行政法规和本省、自治区、直辖市的地方性法规,制定规章。地方政府规章可以就下列事项作出规定:(1)为执行法律、行政法规、地方性法规的规定需要制定规章的事项;(2)属于本行政区域的具体行政管理事项。设区的市、自治州的人民政府根据该条第 1、2 款制定地方政府规章,限于城乡建设与管理、生态文明建设、历史文化保护、基层治理等方面的事项。已经制定的地方政府规章，涉及上述事项范围以外的，继续有效。

《立法法》第102条规定，部门规章之间、部门规章与地方政府规章之间具有同等效力，在各自的权限范围内施行。

10. 法律解释

《宪法》第67条第4项规定，全国人民代表大会常务委员会行使下列职权：解释法律。

《立法法》第48条规定，法律解释权属于全国人民代表大会常务委员会。法律有以下情况之一的，由全国人民代表大会常务委员会解释：(1)法律的规定需要进一步明确具体含义的；(2)法律制定后出现新的情况，需要明确适用法律依据的。

根据1981年全国人大常委会《关于加强法律解释工作的决议》，最高人民法院、最高人民检察院和国务院在行使职权过程中有权进行法律解释。

正如《中国特色社会主义法律体系》白皮书所指出的，坚持多层次立法齐头并进。适应中国的基本国情，根据宪法确定的在中央统一领导下充分发挥地方积极性、主动性的原则，在维护国家法制统一前提下，全国人大及其常委会行使国家立法权，国务院根据宪法和法律制定行政法规，省、自治区、直辖市以及设区的市的人大及其常委会制定地方性法规，民族自治地方制定自治条例和单行条例，经济特区所在地的省、市的人大及其常委会根据全国人大的授权决定制定在经济特区范围内实施的法规，逐渐形成了多层次立法共同推进的立法工作格局，既大大加快了法律体系建设的步伐，又充分照顾到了各地经济社会发展的实际需要，为形成中国特色社会主义法律体系提供了可行的工作模式。

九、中国特色的社会主义监察制度

2016年1月12日，习近平总书记在第十八届中央纪律检查委员会第六次全体会议上指出，“要坚持党对党风廉政建设和反腐败工作的统一领导，扩大监察范围，整合监察力量，健全国家监察组织架构，形成全面覆盖国家机关及其公务员的国家监察体系”。

2016年11月7日，中共中央办公厅印发《关于在北京市、山西省、浙江省开展国家监察体制改革试点方案》。根据该方案，中央部署在3省市设立各级监察委员会，从体制机制、制度建设上先行先试、探索实践，为在全国推开积累经验。该方案强调，国家监察体制改革是事关全局的重大政治改革，是国家监察制度的顶层设计。深化国家监察体制改革的目标，是建立党统一领导下的国家反腐败工作机构。实施组织和制度创新，整合反腐败资源力量，扩大监察范围，丰富监察手段，实现对行使公权力的公职人员监察全面覆盖，建立集中统一、权威高效的监察体系，履行反腐败职责，深入推进党风廉洁建设和反腐败斗争，构建不敢腐、不能腐、不想腐的有效机制。

为了贯彻落实党中央的部署，2016年12月25日第十二届全国人大常委会通过《关于在北京市、山西省、浙江省开展国家监察体制改革试点工作的决定》。

党的十九大报告提出，深化国家监察体制改革，将试点工作在全国推开，组建国家、省、市、县监察委员会，同党的纪律检查机关合署办公，实现对所有行使公权力的公职人员监察全覆盖。制定国家监察法，依法赋予监察委员会职责权限和调查手段，用留置取代“两规”措施。

2017年10月，中共中央办公厅印发《关于在全国各地推开国家监察体制改革试点方案》。该方案强调，党的十九大对深化国家监察体制改革作出重大决策部署。在总结北京市、山西省、浙江省改革试点工作经验基础上，在全国各地推开改革试点，是贯彻落实党的十九大精神，推动全面从严治党向纵深发展的重大战略举措，对于健全中国特色国家监察体制，强化党和国家自我监督具有重要意义。在2017年年底2018年年初召开的省、市、县人民代表大会上产生三级监察委员会，使改革与地方人大换届工作紧密衔接，有利于加快改革步伐，确保改革有序深入推进。

2017年11月4日，第十二届全国人民代表大会常务委员会第三十次会议审议通过了《全国人民代表大会常务委员会关于在全国各地推开国家监察体制改革试点工作的决定》，国家监察体制改革由试点3省市推展至全国。

2018年《宪法修正案》规定在现行《宪法》中增加"监察委员会"一节，是对国家监察体制改革成果的深刻总结，具有坚实的政治基础、理论基础、实践基础和充分的法理支撑。2015年2月2日，习近平总书记在省部级主要领导干部学习贯彻党的十八届四中全会精神全面推进依法治国专题研讨班开班式上强调，"我们要坚持改革决策和立法决策相统一、相衔接，立法主动适应改革需要，积极发挥引导、推动、规范、保障改革的作用，做到重大改革于法有据，改革和法治同步推进，增强改革的穿透力"。深化国家监察体制改革，是强化党和国家自我监督、坚持和加强党的领导的重大决策部署，是事关全局的重大政治体制改革。以习近平同志为核心的党中央从历史文化中汲取智慧、从治国理政中总结经验，积极推进理论和实践创新，坚持加强顶层设计和摸着石头过河相结合，在从试点向全面推开拓展、从局部向全局发展中引领改革持续深化。2018年3月，第十三届全国人大第一次会议通过《监察法》。

1. 监察委员会的性质和职能

根据《宪法》第123条和《监察法》第3条规定，中华人民共和国各级监察委员会是与党的纪律检查机关合署办公的政治机关、国家的监察机关、行使国家监察职能的专责机关，依法对所有行使公权力的公职人员进行监察，调查职务违法和职务犯罪，开展廉政建设和反腐败工作，维护宪法和法律的尊严。

第一，监察委员会是国家的监察机关，是国家机构体系的组成部分。国家监察委员会由全国人民代表大会产生，地方各级监察委员会由本级人民代表大会产生。国家监察委员会对全国人民代表大会及其常务委员会负责，并接受其监督。地方各级监察委员会对本级人民代表大会及其常务委员会和上一级监察委员会负责，并接受其监督。宪法确立了监察委员会作为国家机构的宪法地位。各级监察委员会依照宪法和法律规定的职责、权限和程序行使监察权，实现国家监察全面覆盖，深入开展反腐败工作，推进国家治理体系和治理能力现代化。

第二，监察委员会是行使国家监察职能的专责机关，是国家监督体系的组成部分。专责机关不仅强调了监察委员会的专业化特征、专门性职责，更加突出强调了监察委员会的责任，行使监察权不仅是监察委员会的职权，更重要的是职责和使命担当。监察委员会依照法律规定独立行使监察权，不受行政机关、社会团体和个人的干涉。明确"各级监察委员会是行使国家监察职能的专责机关"，与党章关于"党的各级纪律检查委员会是党内监督专责机关"相呼应，有利于构建党统一指挥、全面覆盖、权威高效的监督体系。

第三，监察委员会是实现党和国家自我监督的政治机关。监察委员会依法行使的监察权，不是行政监察、反贪反渎、预防腐败职能的简单叠加,而是人民代表大会制度下一项与行政权、审判权、检察权并列的国家权力。各级监察委员会,在党直接领导下,代表党和国家对所有行使公权力的公职人员进行监督,既调查职务违法行为,又调查职务犯罪行为。监察机关的性质、地位和职权既不同于行政机关,也有别于司法机关。

根据《监察法》的规定,监察委员会具有三项职能:对所有行使公权力的公职人员进行监察;调查职务违法和职务犯罪;开展廉政建设和反腐败工作,维护宪法和法律的尊严。

2. 监察委员会的领导体制

国家监察工作坚持中国共产党的领导,各级监察委员会在党的领导下,行使国家监察职能,依法对所有行使公权力的公职人员进行监察。根据宪法和监察法的规定,国家监察委员会对全国人民代表大会及其常务委员会负责,并接受其监督。地方各级监察委员会对本级人民代表大会及其常务委员会和上一级监察委员会负责,并接受其监督。

监察委员会体系实行“国家监察委员会领导地方各级监察委员会、上级监察委员会领导下级监察委员会”的领导体制。国家监察委员会是最高监察机关,领导地方各级监察委员会的工作,上级监察委员会领导下级监察委员会的工作。地方各级监察委员会对上一级监察委员会负责,并接受其监督。

3. 监察委员会的职责

监察委员会依照监察法和有关法律规定履行监督、调查、处置之职责。

第一,监督职责。监察委员会对公职人员开展廉政教育,对其依法履职、秉公用权、廉洁从政从业以及道德操守情况进行监督检查。

监督是监察委员会的首要职责,监察委员会依照《宪法》、《监察法》和有关法律规定,监督所有公职人员行使公权力的行为是否符合法律规定、是否符合公正标准、是否符合清廉要求,以确保公权力不被滥用、不被用来谋取私利,将权力置于监察监督之下。

第二,调查职责。监察委员会对涉嫌贪污贿赂、滥用职权、玩忽职守、“权力寻租”、利益输送、徇私舞弊以及浪费国家资财等职务违法和职务犯罪行为进行调查。监察委员会的调查范围基本涵盖了公职人员的腐败行为类型。为保证监察机关有效履行调查职责,《监察法》赋予监察机关必要的权限。一是规定监察机关在调查职务违法和职务犯罪时,可以采取谈话、讯问、询问、查询、冻结、搜查、调取、查封、扣押、勘验检查、鉴定等措施。二是被调查人涉嫌贪污贿赂、失职渎职等严重职务违法或者职务犯罪,监察机关已经掌握其部分违法犯罪事实及证据,仍有重要问题需要进一步调查,并有涉及案情重大、复杂,可能逃跑、自杀,可能串供或者伪造、隐匿、毁灭证据等情形之一的,经监察机关依法审批,可以将其留置在特定场所。三是监察机关需要采取技术调查、通缉、限制出境措施的,经过严格的批准手续,按照规定交有关机关执行。

第三,处置职责。监察机关除对有职务违法行为但情节较轻的公职人员,按照管理权限,直接或委托有关机关、人员,进行谈话提醒、批评教育、责令检查,或予以诫勉外,主要处置职责有:(1)对违法的公职人员依法作出政务处分决定。监察委员会根据监督、调查结果,对违法的公职人员依照法定程序作出警告、记过、记大过、降级、撤职、开除等政务处分决定。(2)对履行职责不力、失职失责的领导人员进行问责。监察委员会对不履行或者不正确履行职责的,按照管理权限对负有管理责任的领导人员作出问责决定,或者向有权作出问责决定的机关提出问责建议。(3)对涉嫌职务犯罪的,将调查结果移送人民检察院依法审查、提起公诉。对被调查人涉嫌职务犯罪,监察机关经调查认为犯罪事实清楚,证据确实、充分的,制作起诉意见书,连同案卷材料、证据一并移送检察机关依法审查、提起公诉。(4)向监察对象所在单位提出监察建议。监察建议是监察委员会依照法定职权,根据监督、调查结果,对监察对象所在单位廉政建设和履行职责存在的问题等提出的。监察建议不同于一般的工作建议,它具有法律效力,被提出建议的有关单位无正当理由必须履行监察建议要求其履行的义务,否则,就要承担相应的法律责任。

4. 监察委员会的监察对象范围

监察委员会依法对所有行使公权力的公职人员进行监督,实现国家监察全面覆盖。根据《监察法》的规定,监察机关对下列公职人员和有关人员进行监察。

第一,公务员和参照《公务员法》管理的人员,这是监察对象中的关键和重点。根据《公务员法》,公务员是指依法履行公职、纳入国家行政编制、由国家财政负担工资福利的工作人员。具体包括中国共产党机关、人民代表大会及其常务委员会机关、人民政府、监察委员会、人民法院、人民检察院、中国人民政治协商会议各级委员会机关、民主党派机关和工商业联合会机关的公务员。

参照《公务员法》管理的人员,包括法律、法规授权的具有公共事务管理职能的事业单位中除工勤人员以外的工作人员,经批准参照公务员法进行管理的人员以及使用行政编制的人民团体或群众团体的机关工作人员。

第二,法律、法规授权或者受国家机关依法委托管理公共事务的组织中从事公务的人员。主要是指除参照《公务员法》管理的人员以外的其他管理公共事务的事业单位的工作人员。

第三,国有企业管理人员。主要是国有独资企业、国有控股企业(含国有独资金融企业和国有控股金融企业)及其分支机构的领导班子成员。

第四,公办的教育、科研、文化、医疗卫生、体育等单位中从事管理的人员。主要是该单位及其分支机构的领导班子成员,以及该单位及其分支机构中的国家工作人员。

第五,基层群众性自治组织中从事管理的人员。包括村民委员会、居民委员会的主任、副主任和委员,以及其他受委托从事管理的人员。

第六,其他依法履行公职的人员。《监察法》设定了这个兜底条款,以防止出现对监察对象列举不全的情况,但对此不能无限制地扩大解释,判断一个“履行公职的人员”是否属于监察对象的标准,主要是其是否依法行使公权力,所涉嫌的职务违法或职务犯罪是否损害了公权力的廉洁性。

现行《宪法》除规定了上述重要制度外,还规定了诸多制度和基本政策,如中国共产党领导的多党合作和政治协商制度、外交政策、人类命运共同体、国家机构体系及其具体制度、审判制度、检察制度、国家标志等。

第六章　坚持中国特色宪法实施和监督制度

习近平总书记指出,“在新时代坚持和发展中国特色社会主义的进程中,我们党总结运用历史经验,全面贯彻实施宪法,勇于推进宪法理论和宪法实践创新,积累了许多新鲜经验,深化了对我国宪法制度建设的规律性认识”;“健全保证宪法全面实施的制度体系,不断提高宪法实施和监督水平。健全保证宪法全面实施的制度体系,必须坚持宪法规定、宪法原则、宪法精神全面贯彻,坚持宪法实施、宪法解释、宪法监督系统推进,统筹推进法律规范体系、法治实施体系、法治监督体系、法治保障体系和党内法规体系建设,确保宪法得到完整准确全面贯彻。要完善宪法相关规定直接实施工作机制,充分发挥宪法在应对重大风险挑战、贯彻‘一国两制’方针、推进祖国统一进程、维护国家安全和社会稳定中的重要作用。要完善宪法监督制度,推进宪法监督的规范化、程序化建设,提高合宪性审查、备案审查能力和质量,推进合宪性审查工作,落实宪法解释程序机制,积极回应社会各方面对涉宪问题的关切”①。

党的二十大报告要求,加强宪法实施和监督,健全保证宪法全面

① 习近平:《谱写新时代中国宪法实践新篇章——纪念现行宪法公布施行40周年》,载《人民日报》2022年12月20日,第1版。

实施的制度体系，更好发挥宪法在治国理政中的重要作用，维护宪法权威。

国家机关是实施宪法的主要主体，国家工作人员是具体实施宪法的人员。国家工作人员了解了我国宪法实施的原则、方式，就能够明确自身在实施宪法中的具体职责。同时，为了保证宪法的全面准确实施、维护宪法权威，我国根据特定的国情，建立了由作为最高国家权力机关的全国人大及其常设机关的全国人大常委会监督宪法实施的体制。在这一体制下，所有国家机关制定的规范性文件都是宪法监督的对象，都必须与宪法保持一致，不得与宪法相抵触。国家机关在实施宪法、行使职权、制定规范性文件时，必须守住不与宪法法律相抵触的底线。

一、中国特色的宪法实施制度

习近平总书记明确指出，“宪法的生命在于实施，宪法的权威也在于实施”①。宪法实施是与法律实施相对应的概念，是指所有的国家机关和社会主体依据宪法和法律行使权力（权利）、履行义务的行为。

（一）宪法实施的主体

《宪法》“序言”规定，全国各族人民、一切国家机关和武装力量、各政党和各社会团体、各企业事业组织，都必须以宪法为根本的活动准则，并且负有维护宪法尊严、保证宪法实施的职责。习近平总书记深刻指出，“宪法的根基在于人民发自内心的拥护，宪法的伟力在于人民出自真诚的信仰”②。

宪法所调整的基本社会关系是国家与公民的关系，而这一社会关

① 习近平：《谱写新时代中国宪法实践新篇章——纪念现行宪法公布施行40周年》，载《人民日报》2022年12月20日，第1版。

② 习近平：《谱写新时代中国宪法实践新篇章——纪念现行宪法公布施行40周年》，载《人民日报》2022年12月20日，第1版。

系的基本内容是国家权力与公民基本权利,即国家的基本权力和义务、公民的基本权利和义务,而且二者实际上呈对应关系,即公民的基本权利则意味着国家的基本义务,公民的基本义务则意味着国家的基本权力。宪法调整这一社会关系的基本方式是规范国家权力,包括赋予国家权力、保障国家权力和限制国家权力。由于国家机关是行使国家权力的主体,因此,宪法实施的主体主要是所有行使国家权力的国家机关。此外,现代政治均为政党政治,宪法需要规范政党的宗旨及活动,社会主义国家还需要在宪法上直接确认执政党的地位和执政党在国家中的领导地位。因此,政党也是宪法实施的主体。

(二)宪法实施的基本功能

宪法实施的基本功能就是通过实施宪法,将宪法的理念、基本原则、精神及规范内涵付诸实践,实现宪法价值和功能,维护社会共同体的统一秩序,使宪法成为社会成员的生活方式。

第一,通过宪法实施,保证人权作为宪法核心价值的实现。2004年,我国通过修改宪法,将“国家尊重和保障人权”载入宪法,使其成为中国共产党的执政理念和国家的理念。国家的目的、国家权力的目的、国家权力的运行都必须符合这一理念。国家权力不仅必须尊重人权、不得侵犯人权,而且必须通过积极充分有效的运行来保障人权。

第二,通过宪法实施,设立国家机关,形成完整的国家机构体系,并依据宪法上的国家权力配置、行使国家权力的原则,各自行使国家权力,以实现和保证人民当家作主。

第三,通过宪法实施,形成以宪法为核心的统一的法律体系,并以此为基础形成统一的宪法秩序。

第四,通过宪法实施,传达宪法所承载的社会主义核心价值观,以凝聚社会共识。

第五,通过宪法实施,依照法治思维处理国家生活和社会生活中的重大问题,保证国家和社会的平稳、和谐。

(三)宪法实施的条件

第一,宪法与社会实际保持一致性。宪法属于上层建筑领域及规范范畴,需要通过解释、修改等方式,与社会实际保持一致性。只有这样,宪法才能对特定的社会关系发挥调整作用。因此,现行宪法自颁行以来,随着我国经济社会的发展,以修正案的方式进行了5次修改,保证了宪法规范与社会实际的一致性,使宪法具备了实施的基本前提。

第二,社会成员内心尊崇宪法、信仰宪法。信仰宪法即信仰法治,选择在法的统治下生活,将宪法作为自己的生活方式。全国人大常委会将每年的12月4日即现行宪法颁行之日确定为"国家宪法日",举行各种纪念宪法及宣传宪法知识的活动,以增强民众的宪法观念和宪法意识。同时,教育部在义务教育阶段的《道德与法治》等教材中增加宪法教育的知识点;在中小学生中开展"学宪法　讲宪法"活动;实施法治课教师"国培计划",培养中小学法治教育"种子"教师,提升教师的宪法信仰、宪法素养和教学技能。

第三,国家工作人员能够以宪法思维行使国家权力。宪法不仅约束国家权力,还赋予国家权力,以保证国家权力的合法性和正当性,保障国家权力充分有效地运行。党的十八届四中全会《决定》要求建立领导干部的宪法宣誓制度,全国人大常委会于2015年7月1日作出了《关于实行宪法宣誓制度的决定》(于2018年修订),具体规定了宪法宣誓的范围、誓词及程序。2018年《宪法修正案》第40条规定,在《宪法》第27条增加1款,作为第3款:"国家工作人员就职时应当依照法律规定公开进行宪法宣誓。"在宪法中对宪法宣誓制度予以确认,有利于促使国家工作人员树立宪法意识、恪守宪法原则、弘扬宪法精神、履行宪法使命，也有利于彰显宪法权威，激励和教育国家工作人员忠于宪法、遵守宪法、维护宪法，加强宪法实施。

（四）宪法适用与法律适用的关系

宪法实施是通过国家机关和其他社会主体适用宪法而完成的，那么国家机关和社会主体在什么情况下适用宪法，又在什么情况下适用法律？两者之间存在一种什么衔接关系？

在法治国家，宪法是国家的根本法，是一个国家的最高规则及唯一的最高规则。在一个国家中，所有的规则必须依据宪法并以宪法为基础制定，必须符合宪法。在宪法之下，由不同效力位阶形式的法律、法规等构成一个统一的规则体系，并以此规则体系形成统一的秩序，即宪法秩序。

在我国法律体系之中，宪法居于最高的地位，[①]法律、行政法规、监察法规自治条例和单行条例、地方性法规、规章及授权法规等在效力上低于宪法。换言之，法律、行政法规、监察法规自治条例和单行条例、地方性法规、规章及授权法规等违反宪法即为无效。

因此，在需要适用法规范对任何一个行为作出判断时，应当坚持"法律适用优先""穷尽法律适用"，即对任何一个行为先适用法律文件。换言之，在有法律文件规定的情况下，必须优先适用法律文件，而没有必要适用宪法。在穷尽法律文件适用之后仍然无法解决问题的情况下，才有必要适用宪法，作出宪法上的判断。

---

① 《宪法》"序言"规定："本宪法以法律的形式确认了中国各族人民奋斗的成果，规定了国家的根本制度和根本任务，是国家的根本法，具有最高的法律效力。"第 5 条规定："中华人民共和国实行依法治国，建设社会主义法治国家……一切法律、行政法规和地方性法规都不得同宪法相抵触。一切国家机关和武装力量、各政党和各社会团体、各企业事业组织都必须遵守宪法和法律。一切违反宪法和法律的行为，必须予以追究。任何组织或者个人都不得有超越宪法和法律的特权。"

“穷尽法律文件适用之后,仍然无法解决问题”,主要指的两种情况:一是所适用的法律文件是否符合宪法存在质疑,必须先由合宪性审查机关适用宪法对该法律文件是否符合宪法作出判断。否则,如果适用一个存在争议的法律文件去解决问题,该问题不可能得到彻底解决。二是立法机关还未能依据宪法制定相应的法律文件,即没有法律文件可以适用,而又必须有法规范上的依据去解决问题。

在社会生活中,常常出现这样的情形:一旦发生一个事件或者国家机关作出了一个行为,即有人认为侵犯了自己的宪法权利。实际上,在法律文件将宪法具体化、制度化之后,宪法权利也已经具体化为法律权利。如果法律权利受到侵害,相应的宪法权利也会受到侵害;如果法律权利获得救济,相应的宪法权利也会获得救济。在法律适用优先原则下,国家机关适用法律文件保护了当事人的权利,也就是保护了当事人的宪法权利。

可见,根据法律适用优先原则,宪法的实施主要是通过国家机关和社会主体适用法律文件、遵守法律文件而实现的。领导干部是适用法律的“关键少数”,因此,学习宪法、理解宪法、领会宪法,对于宪法的全面有效实施具有极其重大的意义。

(五)宪法实施的基本方式

宪法实施的基本方式主要可以分为两类,即直接实施和间接实施。

1. 宪法的直接实施

宪法的直接实施,是指国家机关直接依据宪法作出宪法行为。其具体的表现主要如下:

第一,依据宪法设立国家机关,形成国家机构体系,并各自行使宪法授予的国家权力。从理论上说,国家机构体系是由宪法按照一定的原则创设的，所有国家机关的设立必须具有宪法上的依据，形成国家机关之间的宪法关系，宪法在此基础上对国家权力进行配置，各国家机关依据宪法行使自己的权力。我国宪法依据民主集中制原则，创设了人民代表大会制度。人民代表大会制度的出发点和宗旨是一切权力属于人民。按照人民代表大会制度原理，应当由人民选举产生代表人民行使国家权力的地方各级人民代表大会及全国人民代表大会；再由人民代表大会产生并监督其他国家机关，包括行政机关、监察机关、审判机关和检察机关。处理中央与地方关系的原则是，保证中央的统一领导，发挥地方的主动性和积极性。2016 年开始实施的国家监察体制改革的成果，就是在国家机构体系中增设监察委员会。为了保证其合宪性，2018 年《宪法修正案》第 52 条规定，在《宪法》第 3 章“国家机构”中增加一节，作为第 7 节“监察委员会”；增加 5 条，分别作为第 123 条至第 127 条。该宪法修正案也对宪法涉及国家机构的相关条款进行了修改。

第二，依据宪法对宪法进行修改。修改宪法既是保证宪法能够有效实施的基本条件和前提，也是实施宪法的一项具体行为。修宪权由制宪权创设，必须受到作为行使制宪权载体的宪法的约束。宪法通常规定了修宪权主体及修宪程序，宪法修改必须依据宪法的规定进行。宪法修改不得违反宪法的根本精神，否则即超出了修宪权的边界。修宪权主体依据宪法的授权，遵循宪法规定的修改程序，在不违背宪法的理念、基本原则和精神的前提下，对宪法进行修改，发展宪法的内容。《宪法》第 64 条第 1 款规定，宪法的修改，由全国人民代表大会常务委员会或者 1/5 以上的全国人民代表大会代表提议，并由全国人民代表大会以全体代表的 2/3 以上的多数通过。据此规定，在我国，只有全国人大有权修改宪法，只有全国人大常委会或者 1/5 以上的全国人大代表有权提议修改宪法,全国人大必须以全体代表的2/3的多数才能通过宪法修改。修改宪法必须符合宪法的这一程序规定,同时必须符合宪法的基本原则、基本理念和基本精神。

第三,依据宪法对宪法进行解释。与宪法修改相同,宪法解释既是保证宪法能够有效实施的基本条件和前提,也是实施宪法的一项具体行为。宪法解释机关必须遵循宪法的基本原则、基本理念和基本精神,按照宪法解释程序,对宪法规范的内涵进行说明,使宪法规范与社会实际保持一致性,更好地调整宪法关系。

第四,依据宪法进行立法。狭义的立法,是指立法机关依据宪法创制规范的活动,这一意义上的立法活动属于宪法实施的范畴,并且是宪法实施的主要方式。近年来,全国人大常委会通过立法实施宪法的举措有:(1)推动与宪法实施密切相关的法律制度实现与时俱进、完善发展,修改《全国人民代表大会组织法》《地方各级人民代表大会和地方各级人民政府组织法》《全国人民代表大会议事规则》等法律;(2)根据宪法和立法法的原则和精神,通过立法创设新类型的法规规章,包括监察法规、海南自由贸易港法规、浦东新区法规等;等等。

第五,依据宪法针对具体事项作出决定、决议。与具有普遍效力的立法不同,针对国家生活和社会生活中的重大问题作出的决定、决议等只具有个别效力,不过其也是直接依据宪法行使国家权力的表现,属于宪法实施的重要方式。当然,并不是所有国家机关都有权直接依据宪法作出决定、决议,绝大多数国家机关是依据法律作出决定、决议,因此,只有那些直接依据宪法作出的决定、决议才是宪法实施的活动。例如,《宪法》第62条规定,全国人民代表大会行使下列职权:……(4)选举中华人民共和国主席、副主席;(5)根据中华人民共和国主席的提名,决定国务院总理的人选;根据国务院总理的提名,决定国务院副总理、国务委员、各部部长、各委员会主任、审计长、秘书长的人选;(6)选举中央军事委员会主席;根据中央军事委员会主席的提名,决定中央军事委员会其他组成人员的人选;(7)选举国家监察委员会主任;(8)选举最高人民法院院长;(9)选举最高人民检察院检察长;(10)审查和批准国民经济和社会发展计划和计划执行情况的报告;(11)审查和批准国家的预算和预算执行情况的报告;(12)改变或者撤销全国人民代表大会常务委员会不适当的决定;(13)批准省、自治区和直辖市的建置;(14)决定特别行政区的设立及其制度;(15)决定战争和和平的问题……

近年来,全国人大常委会通过决定、决议实施宪法的主要表现有:一是实行宪法宣誓制度。2018 年 3 月 17 日,习近平同志当选为国家主席和中央军委主席后,进行了宪法宣誓活动,这是共和国历史上国家主席首次进行宪法宣誓。二是授予国家勋章和国家荣誉称号,在中华人民共和国成立 70 周年之际,国家首次集中评选颁授国家勋章和国家荣誉称号。三是直接实施宪法规定的特赦制度。2019 年,根据全国人大常委会《关于在中华人民共和国成立七十周年之际对部分服刑罪犯予以特赦的决定》,国家主席习近平签署特赦令,对部分服刑罪犯施行特赦。

第六,确认政党的地位、宗旨及活动规范。例如,我国《宪法》在"序言"中有五处明确规定"中国共产党领导",并在第 1 条第 2 款中规定"中国共产党领导是中国特色社会主义最本质的特征"。"序言"规定了具有中国特色的政党制度,即中国共产党领导的多党合作和政治协商制度;第 5 条第 4、5 款规定,一切国家机关和武装力量、各政党和各社会团体、各企业事业组织都必须遵守宪法和法律。一切违反宪法和法律的行为,必须予以追究。任何组织或者个人都不得有超越宪法和法律的特权。

第七,国家机关依据宪法行使职权、履行职责。宪法从横向明确规定了不同国家机关的性质、职权、职责,从纵向明确规定了不同层级的国家机关的职权、职责。每一个国家机关依据宪法所确定的性质积极行使职权、履行职责,是实施宪法的重要表现。

第八,依据宪法处理不同国家机关之间的关系。宪法按照民主集中制原则从横向明确规定了不同国家机关之间的关系,按照国家权力的性质和特点从纵向明确规定了不同层级国家机关之间的关系。国家机关依据宪法处理相互之间的关系,也是实施宪法的重要表现。

2. 宪法的间接实施

宪法的间接实施,是指立法机关依据宪法制定了法律文件以后,所有国家机关、社会团体、企业事业组织和公民个人严格依照这些法律文件进行的活动。法律文件都是依据宪法和以宪法为基础制定的,我国绝大多数法律第1条明确规定,“根据宪法,制定本法”。“根据宪法,制定本法”的基本含义有四个方面:(1)依据宪法的立法授权;(2)依据宪法规定的立法程序;(3)依据宪法的基本原则、基本理念、基本精神;(4)依据宪法的规范内涵。立法机关不仅要依据宪法形成完整的法律体系,而且要让每一部立法体现宪法精神。

法律文件制定之后,宪法的基本原则、基本理念、基本精神、规范内涵已经体现、隐含在这些法律文件中。这些法律文件获得有效实施,即意味着宪法获得了实施。相对而言,宪法的规定比较原则,必须通过这些法律文件将其规定具体化。可以说,法律文件就是宪法的具体化、制度化,实施法律在本质上就是实施宪法。在这一意义上,实施这些法律文件必须理解这些法律文件,而这些法律文件又是宪法的具体化,那么理解这些法律文件就必须首先理解宪法的基本原则、基本理念、基本精神和规范内涵，否则就无法全面、准确地理解和实施这些法律文件。因此，理解法律文件不能仅局限于法律文件本身，还必须从宪法的高度去理解。

在宪法的直接实施和间接实施两种方式中，宪法的间接实施是宪法实施的主要方式，绝大多数国家机关和其他社会主体主要依据法律文件进行活动。因此，宪法实施不仅仅是立法机关的职责，更是所有国家机关和社会主体的职责，国家工作人员在行使职权过程中的一言一行都是在实施宪法。

习近平总书记提出，“把宪法实施贯穿到治国理政各方面全过程，不断提高党依宪治国、依宪执政的能力。宪法是治国安邦的总章程，是我们党治国理政的根本法律依据，是国家政治和社会生活的最高法律规范。提高党依宪治国、依宪执政能力，必须把宪法实施贯彻到统筹推进‘五位一体’总体布局、协调推进‘四个全面’战略布局的全部实践中，贯彻到改革发展稳定、内政外交国防、治党治国治军各领域各方面，全面推进国家各方面工作法治化”①。

二、中国特色的宪法监督制度

2012年12月4日，习近平总书记在首都各界纪念现行宪法公布施行30周年大会上指出，“全国人大及其常委会和国家有关监督机关要担负起宪法和法律监督职责，加强对宪法和法律实施情况的监督检查，健全监督机制和程序，坚决纠正违宪违法行为。地方各级人大及其常委会要依法行使职权，保证宪法和法律在本行政区域内得到遵守和执行”。

---

① 习近平：《谱写新时代中国宪法实践新篇章——纪念现行宪法公布施行40周年》，载《人民日报》2022年12月20日，第1版。

（一）我国的宪法监督体制

宪法监督是指监督宪法实施的各项制度的总称，是我国宪法上“监督宪法的实施”规定的简称，也是“法律监督”的对应概念。我国现行宪法明确规定，全国人大和全国人大常委会的职权中包括“监督宪法的实施”。

宪法监督与法律监督既存在相互衔接的关系，又存在性质上的区别。宪法监督是监督宪法的实施，法律监督是监督法律的实施。法律是宪法的具体化，监督了法律的实施，在一定意义上也就监督了宪法的实施。在直接依据宪法实施的行为的合宪性存在争议时，宪法监督机关依据宪法作出判断就是非常必要的。例如，如果依据有争议的法律文件作出法律上的判断，该判断就难以被接受，这种情况下，就需要先依据宪法对法律文件的合宪性作出判断。

我国为了保证人民主权原则的实现，采用人民代表大会制度这一国家政权组织形式。人民代表大会制度的组织原则为民主集中制。根据这一组织原则，人民通过全国人大及地方各级人大行使管理国家的权力，人民代表大会是代表人民行使国家权力的机关，其他国家机关由人民代表大会产生、受其监督、对其负责。人民代表大会与其他国家机关之间不存在相互制约、相互监督的关系，其在国家机构体系中处于绝对的授权者、监督者地位。在各级人民代表大会中，全国人大是最高国家权力机关，代表全国人民行使管理国家的最高权力；全国人大常委会是全国人大的常设机关，在全国人大闭会期间实际上是最高国家权力机关。在我国的一切权力属于人民原则及由该原则决定的人民代表大会制度下，我国的宪法监督体制实行由最高国家权力机关监督制，即由作为最高国家权力机关的全国人大和全国人大常委会监督宪法的实施。

(二)合宪性审查的概念

党的十九大报告要求,加强宪法实施和监督,推进合宪性审查工作,维护宪法权威。习近平总书记在2018年2月24日中央政治局第四次集体学习时提出,“要完善宪法监督制度,积极稳妥推进合宪性审查工作,加强备案审查制度和能力建设”。这是我国第一次提出“合宪性审查”这一表述,也使“合宪性审查”成为我国特有的表述。

第一,关于合宪性审查与宪法监督的关系。为了保证宪法的权威和尊严,我国建立了宪法监督制度,根据我国的具体国情,我国采用由最高国家权力机关行使宪法监督权的体制。在这一体制下,监督规范性文件的合宪性采用合宪性审查这一机制。因此,合宪性审查是专门指在我国的宪法监督体制下监督规范性文件合宪性的机制。

第二,关于合宪性审查与合法性审查的关系。依据公权力的公定力原理,对规范性文件穷尽合法性审查再进行合宪性审查,既是各国的通例,也是宪法和法律关系的正确反映。可见,合宪性审查与合法性审查之间存在衔接关系。具体来说,两者存在以下区别:(1)审查基准不同。合宪性审查即依据宪法对规范性文件的合宪性进行审查;合法性审查即依据法律等对规范性文件的合法性进行审查。(2)审查主体不同。我国合宪性审查的主体是全国人大及其常委会,而合法性审查的主体包括行政复议机关、人民法院、备案审查机关。(3)审查对象不同。合宪性审查的对象包括法律、法规、司法解释等所有规范性文件;而合法性审查的对象限于法律以下的规范性文件,不同审查主体有权审查的对象也存在差异。(4)审查程序不同。合宪性审查程序分为两大部分,即协助机构的审查程序和拥有实质性审查权的全国人大和全国人大常委会的审查程序;而合法性审查程序需依据不同的审查主体而确定。

第三,关于合宪性审查与备案审查的关系。备案审查是指制定规范性文件的机关将规范性文件提交有关机关备案,接收备案的机关对交来备案的规范性文件可以依职权主动进行审查的机制。就审查内容而言,备案审查包括合宪性审查、合法性审查和适当性审查。可见,合宪性审查是备案审查的内容之一。合宪性审查主体对规范性文件的合宪性进行审查的来源除备案审查外,还包括依要求和依建议对规范性文件进行合宪性审查。因此,备案审查是启动合宪性审查的来源之一。

(三)规范性文件的备案审查

党的十八届四中全会《决定》要求,加强备案审查制度和能力建设,把所有规范性文件纳入备案审查范围,依法撤销和纠正违宪违法的规范性文件,禁止地方制发带有立法性质的文件。

依据规范性文件的性质和层级,我国建立了六套规范性文件的备案审查机制:

第一,全国人大常委会对规范性文件的备案审查。纳入全国人大常委会备案审查范围的规范性文件包括国务院的行政法规、国家监察委员会的监察法规、民族自治地方人大的自治条例和单行条例、设区的市以上人大及其常委会的地方性法规、经济特区法规及最高人民法院和最高人民检察院的司法解释。

第二,全国人大常委会对特别行政区立法机关法律的备案审查。依据《香港特别行政区基本法》和《澳门特别行政区基本法》的规定,特别行政区立法机关制定的法律必须提交全国人大常委会备案,全国人大常委会对该等法律有权进行审查。

第三,国务院对规范性文件的备案审查。依据《立法法》及《法规规章备案条例》的规定,地方性法规、自治条例和单行条例、经济特区法规、规章必须提交国务院备案，国务院有权对这些规范性文件进行审查。

第四，地方各级人大常委会的备案审查。依据《地方组织法》的规定，本行政区域的其他国家机关、下级人大及其常委会制定的规范性文件必须提交人大常委会备案，地方人大常委会有权对这些规范性文件进行审查。

第五，党组（党委）的备案审查。依据《中国共产党党内法规和规范性文件备案审查规定》的规定，党组织制定的党内法规和规范性文件应当向上级党组织报备；多个党组织联合制定的党内法规和规范性文件，由牵头党组织向共同的上级党组织报备；中央纪律检查委员会、党中央（决策）议事协调机构以及党中央工作机关、党中央直属事业单位，党中央批准设立的党组（党委），各省、自治区、直辖市党委应当向党中央报备党内法规和规范性文件。党组（党委）对符合审查要求的报备党内法规和规范性文件进行政治性审查、合法合规性审查、合理性审查及规范性审查。

第六，中央军委对军事法规和规范性文件的备案审查。

除上述第二套备案审查机制外，其他五套备案审查机制之间已经建立了衔接联动机制。据全国人大常委会法工委《关于十二届全国人大以来暨 2017 年备案审查工作情况的报告》，全国人大常委会法工委积极建立健全与中央办公厅、司法部、中央军委法制局之间的备案审查衔接联动机制，推动形成互联互通互动的工作格局。在审查建议移交、研究意见沟通、信息共享、培训研讨等方面形成了常态化的工作联系机制，为实现规范性文件备案审查全覆盖提供了制度保障。通过备案审查衔接联动机制，2017 年法工委共向有关机关转送规范性文件审查建议 37 件。据全国人大常委会法工委《关于 2018 年备案审查工作情况的报告》,该年度全国人大常委会法工委向有关方面转送审查建议14件。同时,积极探索建立与最高人民法院、最高人民检察院、地方人大常委会之间的备案审查工作联系机制,充分有效地运用备案审查衔接联动机制,通过座谈会、共同调研等方式推动纠正存在问题的规范性文件。督促有关方面加强对规章、行政规范性文件以及地方各级人民法院和人民检察院规范性文件进行监督,确保实现规范性文件备案审查全覆盖。据全国人大常委会法工委《关于2019年备案审查工作情况的报告》,该年度司法部通过备案审查衔接联动机制先后移送地方性法规200件。据全国人大常委会法工委《关于2020年备案审查工作情况的报告》,该年度全国人大常委会法工委收到司法部通过备案审查衔接联动机制移送的58件地方性法规。

(四)合宪性审查的基本功能

推进合宪性审查工作的总体功能是维护宪法权威和尊严。2012年12月4日,习近平总书记在首都各界纪念现行宪法公布施行30周年大会上指出,"宪法与国家前途、人民命运息息相关。维护宪法权威,就是维护党和人民共同意志的权威。捍卫宪法尊严,就是捍卫党和人民共同意志的尊严"。

推进合宪性审查工作的具体功能主要有:

第一,确保党的全面领导和党中央集中统一领导的实现。宪法是治国安邦的总章程,是我们党治国理政的根本法律依据。同时,宪法是党和人民共同意志的载体。我国法治建设的根本原则是坚持党的领导、人民当家作主、依法治国三者有机统一,其中党的领导是人民当家作主和依法治国的根本保证。党依法执政、依宪执政,党的领导通过宪法和法律制度化、法定化。通过合宪性审查保证宪法的全面准确实施,就是保证党的全面领导的实现。

第二，保证依法治国的关键是依宪治国的实现。宪法是国家的根本法，具有最高法律效力。依法治国的内涵是规则之治和良法之治，而无论是规则之治还是良法之治，都必须维护宪法的至上地位和权威。

第三，保证国家治理规则的统一性。国家治理现代化实质上就是国家制度和治理体系现代化，而首要标志是国家治理规则的统一性。合宪性审查就是保证所有的国家治理规则符合宪法，形成以宪法为核心的统一规则体系，进而形成统一的宪法秩序。

第四，捍卫社会主义核心价值观。党的十八大报告确定的社会主义核心价值观是富强、民主、文明、和谐，自由、平等、公正、法治，爱国、敬业、诚信、友善。社会主义核心价值观就是凝聚社会共识的最大公约数。社会主义核心价值观首先由宪法确认，再由法律在某一个领域里具体化，实施宪法就是在践行社会主义核心价值观。相应地，合宪性审查就是在危害社会主义核心价值观的行为出现以后，依据宪法制裁这一行为，从而捍卫社会主义核心价值观。

第五，协调国家机关之间的宪法关系。《各级人民代表大会常务委员会监督法》第 32 条第 1 款规定，国务院、中央军事委员会和省、自治区、直辖市的人大常委会认为最高人民法院、最高人民检察院作出的具体应用法律的解释同法律规定相抵触的，最高人民法院、最高人民检察院之间认为对方作出的具体应用法律的解释同法律规定相抵触的，可以向全国人大常委会书面提出进行审查的要求，由常委会工作机构送有关专门委员会进行审查、提出意见。

第六，保证司法机关能够彻底完成司法功能。司法必须在查明案件事实的基础上，选择适当的法律规范作为裁判依据。在选择适当的法律规范时，可能出现法律文件与宪法不一致的情形，而此时我国法院无权审查法律文件的合宪性。赋予最高人民法院及地方各级人民法院请求全国人大常委会审查法律文件的合宪性的资格，能够保证法院彻底解决社会矛盾和纠纷。

第七，及时纠正制度错误。制定法律文件的机关基于各种原因，如超越职权、滥用职权，或是社会发展、情势变迁等，难免出现制度制定上的错误。如果缺乏纠错机制，错误的制度就会造成更大的侵害；反之，如果有成熟的纠错机制，就能够及时纠正。

第八，提供宪法权利救济。有权利必有救济，无救济既无权利。当法律文件与宪法相一致时，如果法律权利受到侵害，宪法权利也就会受到侵害；如果法律权利获得救济，相应的宪法权利也就会获得救济。但当法律文件与宪法不相一致时，如果法律权利获得救济，相应的宪法权利就会受到侵害，此时就需要专门的宪法救济途径。合宪性审查机制就是有效的宪法救济程序。

（五）我国合宪性审查的对象

根据《立法法》第 108 条第 1 项的规定，全国人民代表大会有权改变或者撤销全国人大常委会制定的不适当的法律，有权撤销全国人大常委会批准的违背《宪法》和《立法法》第 85 条第 2 款规定的自治条例和单行条例。同时，《立法法》第 110 条规定，有权启动合宪性审查程序的主体可以提出要求或者建议的对象是行政法规、地方性法规、自治条例和单行条例。

此后，《各级人民代表大会常务委员会监督法》、全国人大常委会《关于国家监察委员会制定监察法规的决定》、《法规、司法解释备案审查工作办法》相继扩大了我国合宪性审查对象的范围，将最高人民法院和最高人民检察院的司法解释、监察法规、经济特区法规、其他有关规范性文件也认定为我国合宪性审查的对象。

因此,综合宪法和上述法律文件的规定,我国合宪性审查的对象包括全国人大常委会的法律、国务院的行政法规、国家监察委员会的监察法规、设区的市以上的人大及其常委会的地方性法规、民族自治地方人大的自治条例和单行条例、经济特区法规、最高人民法院和最高人民检察院的司法解释及其他有关规范性文件等。

(六)我国启动合宪性审查的主体

在我国,以下主体有权依据《立法法》及有关法律文件的规定,向全国人大常委会提出请求,启动合宪性审查程序:

第一,全国人大宪法和法律委员会、全国人大常委会法工委可以主动启动合宪性审查。具体分为两种情况:(1)备案审查。《法规、司法解释备案审查工作办法》第20条规定:"对法规、司法解释及其他有关规范性文件中涉及宪法的问题,宪法和法律委员会、法制工作委员会应当主动进行合宪性审查研究,提出书面审查研究意见,并及时反馈制定机关。"(2)批准审查。《宪法》第116条规定,自治区的自治条例和单行条例,报全国人大常委会批准后生效。值得注意的是,全国人大常委会审查报请批准的自治区的自治条例和单行条例的合宪性的任务,实际上是由全国人大专门委员会或者全国人大常委会法工委进行的。

第二,经"五大主体"要求启动合宪性审查。国务院、中央军事委员会、最高人民法院、最高人民检察院和各省、自治区、直辖市的人民代表大会常务委员会认为行政法规、地方性法规、自治条例和单行条例同宪法或者法律相抵触的,可以向全国人民代表大会常务委员会书面提出进行审查的要求,由常务委员会工作机构分送有关的专门委员会进行审查、提出意见。

第三,经其他主体建议启动合宪性审查。上述机关以外的其他国家机关和社会团体、企业事业组织以及公民认为行政法规、地方性法规、自治条例和单行条例同宪法或者法律相抵触的，可以向全国人民代表大会常务委员会书面提出进行审查的建议，由常务委员会工作机构进行研究，必要时，送有关的专门委员会进行审查、提出意见。

第四，经全国人大代表议案和建议、全国政协委员提案启动合宪性审查。

第五，通过备案审查衔接联动机制启动合宪性审查。除全国人大常委会以外的其他备案审查主体均没有宪法解释权，因此在事实上是无法进行合宪性审查的。在备案审查中，其他备案审查主体在有合宪性审查必要时，必须通过衔接联动机制移送全国人大常委会审查。

需要说明的是，“五大主体”要求审查与其他主体建议审查有所区别——一旦“五大主体”提出审查要求，协助审查机关就必须立即启动合宪性审查程序；而其他主体提出审查建议的，协助审查机关应先对建议进行初步审查，有价值的建议才能进入实质审查阶段，没有价值的建议则直接回复建议人。

（七）法律文件违反宪法需要承担什么宪法责任？

我国合宪性审查的对象主要是法律文件，因此，合宪性审查的责任形式主要是针对法律文件。依据宪法及有关法律文件的规定，全国人大或者全国人大常委会针对违反宪法的法律文件，可以追究以下宪法责任：

第一，不予批准。对于报请批准的民族自治地方人大制定的自治条例和单行条例，全国人大常委会认为违反宪法的，有权作出不予批准的决定；认为违反宪法但可以作出适当修改后再予以批准的，有权作出不予批准并责令修改的决定。

第二，责令修改。全国人大宪法和法律委员会、全国人大常委会法工委认为行政法规、监察法规、地方性法规、自治条例和单行条例、经济特区法规、司法解释同宪法相抵触的，应向制定机关提出书面审查意见，并责令修改。责令修改包括立即修改和限期修改。

第三，撤销。全国人大有权撤销全国人大常委会制定的不适当的法律及具有法律效力的决定、决议，有权撤销全国人大常委会批准的违背宪法的自治条例和单行条例。全国人大常委会有权撤销同宪法相抵触的行政法规、监察法规、地方性法规、自治条例和单行条例、经济特区法规、司法解释和其他有关规范性文件。《立法法》第 112 条第 3 款规定，全国人大宪法和法律委员会、有关的专门委员会、常务委员会工作机构经审查认为行政法规、地方性法规、自治条例和单行条例同宪法或者法律相抵触，或者存在合宪性、合法性问题需要修改或者废止，而制定机关不予修改或废止的，应当向委员长会议提出予以撤销的议案、建议，由委员长会议决定提请常务委员会会议审议决定。

第四，改变。全国人大有权改变全国人大常委会制定的不适当的法律及具有法律效力的决定、决议。

(八) 我国宪法监督机关合宪性、涉宪性审查的实践

近年来，全国人大常委会法工委作为协助宪法监督机关进行合宪性审查的机构，积极稳妥处理合宪性、涉宪性问题，取得了积极的成效。

第一，认定公安机关交通管理部门可以查阅、复制当事人通讯记录的规定违反宪法。有的地方性法规规定，公安机关交通管理部门调查交通事故时可以查阅、复制当事人通讯记录。全国人大常委会法工委经审查认为，该规定不符合保护公民通信自由和通信秘密的原则和精神；对公民通信自由和通信秘密保护的例外只能是在特定情形下由法律作出规定，该地方性法规所作的规定已超越立法权限。经全国人

大常委会法工委向制定机关指出后,有关规定已经修改。

第二,推动废止收容教育制度。全国人大常委会法工委对全国政协委员提出的关于对收容教育制度进行合宪性审查的提案进行了研究,在当年备案审查工作情况报告中提出了适时废止收容教育制度的建议。在第十三届全国人大第二次会议期间,有 30 名全国人大代表联名提出了关于废止收容教育制度的议案。结合议案办理,全国人大常委会法工委继续推动废止有关法律规定的工作,并就工作进展情况与领衔代表进行当面沟通。2019 年 11 月 27 日,国务院已经向全国人大常委会提出《关于提请废止收容教育制度的议案》。2019 年 12 月 28 日,第十三届全国人大常委会第十五次会议通过了《关于废止有关收容教育法律规定和制度的决定》,自 2019 年 12 月 29 日起施行。

第三,认定征收民航发展基金并不违反宪法。2020 年全国"两会"期间,有全国政协委员提出提案,建议对民航发展基金的征收进行合宪性审查。全国人大常委会法工委经审查认为,征收民航发展基金不属于《宪法》第 13 条第 3 款规定的对私有财产的征收或者征用,不存在与宪法相抵触的问题。但是,征收民航发展基金依据的是国务院文件和有关部门规章,与 2014 年修改后的《预算法》第 9 条第 1 款关于政府性基金依照法律、行政法规的规定征收的规定不符。全国人大常委会法工委已向司法部提出,如果需要继续征收民航发展基金,应当及时完善相关法律或者行政法规依据。

第四,认定各级各类民族学校应当使用本民族语言文字或者本民族通用的语言文字进行教学违反宪法法律。有的地方性法规规定,各级各类民族学校应当使用本民族语言文字或者本民族通用的语言文字进行教学;还有的地方性法规规定,经本地教育行政部门同意,有条件的民族学校部分课程可以用汉语言文字授课。全国人大常委会法工委经审查认为，上述规定与《宪法》第 19 条第 5 款关于国家推广全国通用的普通话的规定和《国家通用语言文字法》《教育法》等有关法律的规定不一致，已要求制定机关作出修改。

第五，认定被调用的检察人员不得代表办理案件的人民检察院履行出庭支持公诉等各项检察职责。有司法解释规定，上级人民检察院可以依法统一调用辖区内的检察人员办理案件，经上级人民检察院作出调用决定，被调用的检察官可以代表办理案件的人民检察院履行出庭支持公诉等各项检察职责。有公民对此规定提出审查建议。对被调用的检察人员代表所调用的人民检察院履行出庭支持公诉等各项检察职责是否需要经本级人大常委会作出相关任职决定，实践中存在不同认识和做法，涉及对《人民检察院组织法》有关规定的理解。全国人大常委会法工委经研究认为，《宪法》和有关组织法等法律共同构成检察权行使的法律依据。根据《人民检察院组织法》的有关规定，上级人民检察院可以调用辖区的检察人员办理案件；被调用的检察人员代表办理案件的人民检察院履行出庭支持公诉等各项检察职责的，须经本级人大常委会作出相关任职决定。全国人大常委会法工委已向有关制定机关提出了研究意见，建议予以考虑。

第六，认定省级司法机关就办理袭警罪案件联合发文无效。有的省级法院、检察院、公安厅就办理袭警罪案件联合发文。全国人大常委会法工委经审查研究认为，该联合发文涉及犯罪构成具体内容，扩大了法定袭警罪、妨害公务罪的惩治范围，超出了刑法规定范围；《立法法》是重要宪法性法律，有关联合发文不符合《立法法》关于最高人民法院、最高人民检察院以外的审判机关、检察机关不得作出具体应用法律的解释的规定，超出了制定机关权限。全国人大常委会法工委通过衔接联动机制与有关方面沟通，多方面协同行动、督促推动，制定机关很快发文通知停止执行有关文件。最高人民法院、最高人民检察院针对这一事例要求有关法院、检察院开展司法规范性文件自查清理,重申地方一律不得制定在本辖区普遍适用的、涉及具体应用法律问题的司法解释性质文件,制定的其他规范性文件不得在法律文书中援引。

附　录

1. 中华人民共和国宪法

（1982年12月4日第五届全国人民代表大会第五次会议通过　1982年12月4日全国人民代表大会公告公布施行　根据1988年4月12日第七届全国人民代表大会第一次会议通过的《中华人民共和国宪法修正案》、1993年3月29日第八届全国人民代表大会第一次会议通过的《中华人民共和国宪法修正案》、1999年3月15日第九届全国人民代表大会第二次会议通过的《中华人民共和国宪法修正案》、2004年3月14日第十届全国人民代表大会第二次会议通过的《中华人民共和国宪法修正案》和2018年3月11日第十三届全国人民代表大会第一次会议通过的《中华人民共和国宪法修正案》修正）

目　　录

序　　言

中国是世界上历史最悠久的国家之一。中国各族人民共同创造了光辉灿烂的文化，具有光荣的革命传统。

一八四〇年以后，封建的中国逐渐变成半殖民地、半封建的国家。中国人民为国家独立、民族解放和民主自由进行了前仆后继的英勇奋斗。

二十世纪，中国发生了翻天覆地的伟大历史变革。

一九一一年孙中山先生领导的辛亥革命，废除了封建帝制，创立了中华民国。但是，中国人民反对帝国主义和封建主义的历史任务还没有完成。

一九四九年，以毛泽东主席为领袖的中国共产党领导中国各族人民，在经历了长期的艰难曲折的武装斗争和其他形式的斗争以后，终于推翻了帝国主义、封建主义和官僚资本主义的统治，取得了新民主主义革命的伟大胜利，建立了中华人民共和国。从此，中国人民掌握了国家的权力，成为国家的主人。

中华人民共和国成立以后，我国社会逐步实现了由新民主主义到社会主义的过渡。生产资料私有制的社会主义改造已经完成，人剥削人的制度已经消灭，社会主义制度已经确立。工人阶级领导的、以工农联盟为基础的人民民主专政，实质上即无产阶级专政，得到巩固和发展。中国人民和中国人民解放军战胜了帝国主义、霸权主义的侵略、破坏和武装挑衅，维护了国家的独立和安全，增强了国防。经济建设取得了重大的成就，独立的、比较完整的社会主义工业体系已经基本形成，农业生产显著提高。教育、科学、文化等事业有了很大的发展，社会主义思想教育取得了明显的成效。广大人民的生活有了较大的改善。

中国新民主主义革命的胜利和社会主义事业的成就，是中国共产党领导中国各族人民，在马克思列宁主义、毛泽东思想的指引下，坚持真理，修正错误，战胜许多艰难险阻而取得的。我国将长期处于社会主义初级阶段。国家的根本任务是，沿着中国特色社会主义道路，集中力量进行社会主义现代化建设。中国各族人民将继续在中国共产党领导下，在马克思列宁主义、毛泽东思想、邓小平理论、“三个代表”重要思想、科学发展观、习近平新时代中国特色社会主义思想指引下，坚持人民民主专政，坚持社会主义道路，坚持改革开放，不断完善社会主义的各项制度，发展社会主义市场经济，发展社会主义民主，健全社会主义法治，贯彻新发展理念，自力更生，艰苦奋斗，逐步实现工业、农业、国防和科学技术的现代化，推动物质文明、政治文明、精神文明、社会文明、生态文明协调发展，把我国建设成为富强民主文明和谐美丽的社会主义现代化强国，实现中华民族伟大复兴。

在我国，剥削阶级作为阶级已经消灭，但是阶级斗争还将在一定范围内长期存在。中国人民对敌视和破坏我国社会主义制度的国内外的敌对势力和敌对分子，必须进行斗争。

台湾是中华人民共和国的神圣领土的一部分。完成统一祖国的大业是包括台湾同胞在内的全中国人民的神圣职责。

社会主义的建设事业必须依靠工人、农民和知识分子，团结一切可以团结的力量。在长期的革命、建设、改革过程中，已经结成由中国共产党领导的，有各民主党派和各人民团体参加的，包括全体社会主义劳动者、社会主义事业的建设者、拥护社会主义的爱国者、拥护祖国统一和致力于中华民族伟大复兴的爱国者的广泛的爱国统一战线，这个统一战线将继续巩固和发展。中国人民政治协商会议是有广泛代表性的统一战线组织，过去发挥了重要的历史作用，今后在国家政治生活、社会生活和对外友好活动中，在进行社会主义现代化建设、维护国家的统一和团结的斗争中，将进一步发挥它的重要作用。中国共产党领导的多党合作和政治协商制度将长期存在和发展。

中华人民共和国是全国各族人民共同缔造的统一的多民族国家。平等团结互助和谐的社会主义民族关系已经确立，并将继续加强。在维护民族团结的斗争中，要反对大民族主义，主要是大汉族主义，也要反对地方民族主义。国家尽一切努力，促进全国各民族的共同繁荣。

中国革命、建设、改革的成就是同世界人民的支持分不开的。中国的前途是同世界的前途紧密地联系在一起的。中国坚持独立自主的对外政策,坚持互相尊重主权和领土完整、互不侵犯、互不干涉内政、平等互利、和平共处的五项原则,坚持和平发展道路,坚持互利共赢开放战略,发展同各国的外交关系和经济、文化交流,推动构建人类命运共同体;坚持反对帝国主义、霸权主义、殖民主义,加强同世界各国人民的团结,支持被压迫民族和发展中国家争取和维护民族独立、发展民族经济的正义斗争,为维护世界和平和促进人类进步事业而努力。

本宪法以法律的形式确认了中国各族人民奋斗的成果,规定了国家的根本制度和根本任务,是国家的根本法,具有最高的法律效力。全国各族人民、一切国家机关和武装力量、各政党和各社会团体、各企业事业组织,都必须以宪法为根本的活动准则,并且负有维护宪法尊严、保证宪法实施的职责。

第一章 总 纲

第一条 中华人民共和国是工人阶级领导的、以工农联盟为基础的人民民主专政的社会主义国家。

社会主义制度是中华人民共和国的根本制度。中国共产党领导是中国特色社会主义最本质的特征。禁止任何组织或者个人破坏社会主义制度。

第二条 中华人民共和国的一切权力属于人民。

人民行使国家权力的机关是全国人民代表大会和地方各级人民代表大会。

人民依照法律规定,通过各种途径和形式,管理国家事务,管理经济和文化事业,管理社会事务。

第三条 中华人民共和国的国家机构实行民主集中制的原则。

全国人民代表大会和地方各级人民代表大会都由民主选举产生，对人民负责，受人民监督。

国家行政机关、监察机关、审判机关、检察机关都由人民代表大会产生，对它负责，受它监督。

中央和地方的国家机构职权的划分，遵循在中央的统一领导下，充分发挥地方的主动性、积极性的原则。

第四条　中华人民共和国各民族一律平等。国家保障各少数民族的合法的权利和利益，维护和发展各民族的平等团结互助和谐关系。禁止对任何民族的歧视和压迫，禁止破坏民族团结和制造民族分裂的行为。

国家根据各少数民族的特点和需要，帮助各少数民族地区加速经济和文化的发展。

各少数民族聚居的地方实行区域自治，设立自治机关，行使自治权。各民族自治地方都是中华人民共和国不可分离的部分。

各民族都有使用和发展自己的语言文字的自由，都有保持或者改革自己的风俗习惯的自由。

第五条　中华人民共和国实行依法治国，建设社会主义法治国家。

国家维护社会主义法制的统一和尊严。

一切法律、行政法规和地方性法规都不得同宪法相抵触。

一切国家机关和武装力量、各政党和各社会团体、各企业事业组织都必须遵守宪法和法律。一切违反宪法和法律的行为，必须予以追究。

任何组织或者个人都不得有超越宪法和法律的特权。

第六条　中华人民共和国的社会主义经济制度的基础是生产资

料的社会主义公有制，即全民所有制和劳动群众集体所有制。社会主义公有制消灭人剥削人的制度，实行各尽所能、按劳分配的原则。

国家在社会主义初级阶段，坚持公有制为主体、多种所有制经济共同发展的基本经济制度，坚持按劳分配为主体、多种分配方式并存的分配制度。

第七条　国有经济，即社会主义全民所有制经济，是国民经济中的主导力量。国家保障国有经济的巩固和发展。

第八条　农村集体经济组织实行家庭承包经营为基础、统分结合的双层经营体制。农村中的生产、供销、信用、消费等各种形式的合作经济，是社会主义劳动群众集体所有制经济。参加农村集体经济组织的劳动者，有权在法律规定的范围内经营自留地、自留山、家庭副业和饲养自留畜。

城镇中的手工业、工业、建筑业、运输业、商业、服务业等行业的各种形式的合作经济，都是社会主义劳动群众集体所有制经济。

国家保护城乡集体经济组织的合法的权利和利益，鼓励、指导和帮助集体经济的发展。

第九条　矿藏、水流、森林、山岭、草原、荒地、滩涂等自然资源，都属于国家所有，即全民所有；由法律规定属于集体所有的森林和山岭、草原、荒地、滩涂除外。

国家保障自然资源的合理利用，保护珍贵的动物和植物。禁止任何组织或者个人用任何手段侵占或者破坏自然资源。

第十条　城市的土地属于国家所有。

农村和城市郊区的土地，除由法律规定属于国家所有的以外，属于集体所有；宅基地和自留地、自留山，也属于集体所有。

国家为了公共利益的需要，可以依照法律规定对土地实行征收或者征用并给予补偿。

任何组织或者个人不得侵占、买卖或者以其他形式非法转让土地。土地的使用权可以依照法律的规定转让。

一切使用土地的组织和个人必须合理地利用土地。

第十一条　在法律规定范围内的个体经济、私营经济等非公有制经济,是社会主义市场经济的重要组成部分。

国家保护个体经济、私营经济等非公有制经济的合法的权利和利益。国家鼓励、支持和引导非公有制经济的发展,并对非公有制经济依法实行监督和管理。

第十二条　社会主义的公共财产神圣不可侵犯。

国家保护社会主义的公共财产。禁止任何组织或者个人用任何手段侵占或者破坏国家的和集体的财产。

第十三条　公民的合法的私有财产不受侵犯。

国家依照法律规定保护公民的私有财产权和继承权。

国家为了公共利益的需要,可以依照法律规定对公民的私有财产实行征收或者征用并给予补偿。

第十四条　国家通过提高劳动者的积极性和技术水平,推广先进的科学技术,完善经济管理体制和企业经营管理制度,实行各种形式的社会主义责任制,改进劳动组织,以不断提高劳动生产率和经济效益,发展社会生产力。

国家厉行节约,反对浪费。

国家合理安排积累和消费,兼顾国家、集体和个人的利益,在发展生产的基础上,逐步改善人民的物质生活和文化生活。

国家建立健全同经济发展水平相适应的社会保障制度。

第十五条　国家实行社会主义市场经济。

国家加强经济立法,完善宏观调控。

国家依法禁止任何组织或者个人扰乱社会经济秩序。

第十六条 国有企业在法律规定的范围内有权自主经营。

国有企业依照法律规定,通过职工代表大会和其他形式,实行民主管理。

第十七条 集体经济组织在遵守有关法律的前提下,有独立进行经济活动的自主权。

集体经济组织实行民主管理,依照法律规定选举和罢免管理人员,决定经营管理的重大问题。

第十八条 中华人民共和国允许外国的企业和其他经济组织或者个人依照中华人民共和国法律的规定在中国投资,同中国的企业或者其他经济组织进行各种形式的经济合作。

在中国境内的外国企业和其他外国经济组织以及中外合资经营的企业,都必须遵守中华人民共和国的法律。它们的合法的权利和利益受中华人民共和国法律的保护。

第十九条 国家发展社会主义的教育事业,提高全国人民的科学文化水平。

国家举办各种学校,普及初等义务教育,发展中等教育、职业教育和高等教育,并且发展学前教育。

国家发展各种教育设施,扫除文盲,对工人、农民、国家工作人员和其他劳动者进行政治、文化、科学、技术、业务的教育,鼓励自学成才。

国家鼓励集体经济组织、国家企业事业组织和其他社会力量依照法律规定举办各种教育事业。

国家推广全国通用的普通话。

第二十条　国家发展自然科学和社会科学事业，普及科学和技术知识，奖励科学研究成果和技术发明创造。

第二十一条　国家发展医疗卫生事业，发展现代医药和我国传统医药，鼓励和支持农村集体经济组织、国家企业事业组织和街道组织举办各种医疗卫生设施，开展群众性的卫生活动，保护人民健康。

国家发展体育事业，开展群众性的体育活动，增强人民体质。

第二十二条　国家发展为人民服务、为社会主义服务的文学艺术事业、新闻广播电视事业、出版发行事业、图书馆博物馆文化馆和其他文化事业，开展群众性的文化活动。

国家保护名胜古迹、珍贵文物和其他重要历史文化遗产。

第二十三条　国家培养为社会主义服务的各种专业人才，扩大知识分子的队伍，创造条件，充分发挥他们在社会主义现代化建设中的作用。

第二十四条　国家通过普及理想教育、道德教育、文化教育、纪律和法制教育，通过在城乡不同范围的群众中制定和执行各种守则、公约，加强社会主义精神文明的建设。

国家倡导社会主义核心价值观，提倡爱祖国、爱人民、爱劳动、爱科学、爱社会主义的公德，在人民中进行爱国主义、集体主义和国际主义、共产主义的教育，进行辩证唯物主义和历史唯物主义的教育，反对资本主义的、封建主义的和其他的腐朽思想。

第二十五条　国家推行计划生育，使人口的增长同经济和社会发展计划相适应。

第二十六条　国家保护和改善生活环境和生态环境，防治污染和其他公害。

国家组织和鼓励植树造林，保护林木。

第二十七条 一切国家机关实行精简的原则,实行工作责任制,实行工作人员的培训和考核制度,不断提高工作质量和工作效率,反对官僚主义。

一切国家机关和国家工作人员必须依靠人民的支持,经常保持同人民的密切联系,倾听人民的意见和建议,接受人民的监督,努力为人民服务。

国家工作人员就职时应当依照法律规定公开进行宪法宣誓。

第二十八条 国家维护社会秩序,镇压叛国和其他危害国家安全的犯罪活动,制裁危害社会治安、破坏社会主义经济和其他犯罪的活动,惩办和改造犯罪分子。

第二十九条 中华人民共和国的武装力量属于人民。它的任务是巩固国防,抵抗侵略,保卫祖国,保卫人民的和平劳动,参加国家建设事业,努力为人民服务。

国家加强武装力量的革命化、现代化、正规化的建设,增强国防力量。

第三十条 中华人民共和国的行政区域划分如下:

(一)全国分为省、自治区、直辖市;

(二)省、自治区分为自治州、县、自治县、市;

(三)县、自治县分为乡、民族乡、镇。

直辖市和较大的市分为区、县。自治州分为县、自治县、市。

自治区、自治州、自治县都是民族自治地方。

第三十一条 国家在必要时得设立特别行政区。在特别行政区内实行的制度按照具体情况由全国人民代表大会以法律规定。

第三十二条 中华人民共和国保护在中国境内的外国人的合法权利和利益,在中国境内的外国人必须遵守中华人民共和国的法律。

中华人民共和国对于因为政治原因要求避难的外国人，可以给予受庇护的权利。

第二章 公民的基本权利和义务

第三十三条 凡具有中华人民共和国国籍的人都是中华人民共和国公民。

中华人民共和国公民在法律面前一律平等。

国家尊重和保障人权。

任何公民享有宪法和法律规定的权利，同时必须履行宪法和法律规定的义务。

第三十四条 中华人民共和国年满十八周岁的公民，不分民族、种族、性别、职业、家庭出身、宗教信仰、教育程度、财产状况、居住期限，都有选举权和被选举权；但是依照法律被剥夺政治权利的人除外。

第三十五条 中华人民共和国公民有言论、出版、集会、结社、游行、示威的自由。

第三十六条 中华人民共和国公民有宗教信仰自由。

任何国家机关、社会团体和个人不得强制公民信仰宗教或者不信仰宗教，不得歧视信仰宗教的公民和不信仰宗教的公民。

国家保护正常的宗教活动。任何人不得利用宗教进行破坏社会秩序、损害公民身体健康、妨碍国家教育制度的活动。

宗教团体和宗教事务不受外国势力的支配。

第三十七条 中华人民共和国公民的人身自由不受侵犯。

任何公民，非经人民检察院批准或者决定或者人民法院决定，并由公安机关执行，不受逮捕。

禁止非法拘禁和以其他方法非法剥夺或者限制公民的人身自由，

禁止非法搜查公民的身体。

第三十八条 中华人民共和国公民的人格尊严不受侵犯。禁止用任何方法对公民进行侮辱、诽谤和诬告陷害。

第三十九条 中华人民共和国公民的住宅不受侵犯。禁止非法搜查或者非法侵入公民的住宅。

第四十条 中华人民共和国公民的通信自由和通信秘密受法律的保护。除因国家安全或者追查刑事犯罪的需要,由公安机关或者检察机关依照法律规定的程序对通信进行检查外,任何组织或者个人不得以任何理由侵犯公民的通信自由和通信秘密。

第四十一条 中华人民共和国公民对于任何国家机关和国家工作人员,有提出批评和建议的权利;对于任何国家机关和国家工作人员的违法失职行为,有向有关国家机关提出申诉、控告或者检举的权利,但是不得捏造或者歪曲事实进行诬告陷害。

对于公民的申诉、控告或者检举,有关国家机关必须查清事实,负责处理。任何人不得压制和打击报复。

由于国家机关和国家工作人员侵犯公民权利而受到损失的人,有依照法律规定取得赔偿的权利。

第四十二条 中华人民共和国公民有劳动的权利和义务。

国家通过各种途径,创造劳动就业条件,加强劳动保护,改善劳动条件,并在发展生产的基础上,提高劳动报酬和福利待遇。

劳动是一切有劳动能力的公民的光荣职责。国有企业和城乡集体经济组织的劳动者都应当以国家主人翁的态度对待自己的劳动。国家提倡社会主义劳动竞赛,奖励劳动模范和先进工作者。国家提倡公民从事义务劳动。

国家对就业前的公民进行必要的劳动就业训练。

第四十三条 中华人民共和国劳动者有休息的权利。

国家发展劳动者休息和休养的设施,规定职工的工作时间和休假制度。

第四十四条 国家依照法律规定实行企业事业组织的职工和国家机关工作人员的退休制度。退休人员的生活受到国家和社会的保障。

第四十五条 中华人民共和国公民在年老、疾病或者丧失劳动能力的情况下,有从国家和社会获得物质帮助的权利。国家发展为公民享受这些权利所需要的社会保险、社会救济和医疗卫生事业。

国家和社会保障残废军人的生活,抚恤烈士家属,优待军人家属。

国家和社会帮助安排盲、聋、哑和其他有残疾的公民的劳动、生活和教育。

第四十六条 中华人民共和国公民有受教育的权利和义务。

国家培养青年、少年、儿童在品德、智力、体质等方面全面发展。

第四十七条 中华人民共和国公民有进行科学研究、文学艺术创作和其他文化活动的自由。国家对于从事教育、科学、技术、文学、艺术和其他文化事业的公民的有益于人民的创造性工作,给以鼓励和帮助。

第四十八条 中华人民共和国妇女在政治的、经济的、文化的、社会的和家庭的生活等各方面享有同男子平等的权利。

国家保护妇女的权利和利益,实行男女同工同酬,培养和选拔妇女干部。

第四十九条 婚姻、家庭、母亲和儿童受国家的保护。

夫妻双方有实行计划生育的义务。

父母有抚养教育未成年子女的义务,成年子女有赡养扶助父母的义务。

禁止破坏婚姻自由,禁止虐待老人、妇女和儿童。

第五十条 中华人民共和国保护华侨的正当的权利和利益,保护归侨和侨眷的合法的权利和利益。

第五十一条 中华人民共和国公民在行使自由和权利的时候,不得损害国家的、社会的、集体的利益和其他公民的合法的自由和权利。

第五十二条 中华人民共和国公民有维护国家统一和全国各民族团结的义务。

第五十三条 中华人民共和国公民必须遵守宪法和法律,保守国家秘密,爱护公共财产,遵守劳动纪律,遵守公共秩序,尊重社会公德。

第五十四条 中华人民共和国公民有维护祖国的安全、荣誉和利益的义务,不得有危害祖国的安全、荣誉和利益的行为。

第五十五条 保卫祖国、抵抗侵略是中华人民共和国每一个公民的神圣职责。

依照法律服兵役和参加民兵组织是中华人民共和国公民的光荣义务。

第五十六条 中华人民共和国公民有依照法律纳税的义务。

第三章 国家机构

第一节 全国人民代表大会

第五十七条 中华人民共和国全国人民代表大会是最高国家权力机关。它的常设机关是全国人民代表大会常务委员会。

第五十八条 全国人民代表大会和全国人民代表大会常务委员会行使国家立法权。

第五十九条 全国人民代表大会由省、自治区、直辖市、特别行政区和军队选出的代表组成。各少数民族都应当有适当名额的代表。

全国人民代表大会代表的选举由全国人民代表大会常务委员会主持。

全国人民代表大会代表名额和代表产生办法由法律规定。

第六十条 全国人民代表大会每届任期五年。

全国人民代表大会任期届满的两个月以前,全国人民代表大会常务委员会必须完成下届全国人民代表大会代表的选举。如果遇到不能进行选举的非常情况,由全国人民代表大会常务委员会以全体组成人员的三分之二以上的多数通过,可以推迟选举,延长本届全国人民代表大会的任期。在非常情况结束后一年内,必须完成下届全国人民代表大会代表的选举。

第六十一条 全国人民代表大会会议每年举行一次,由全国人民代表大会常务委员会召集。如果全国人民代表大会常务委员会认为必要,或者有五分之一以上的全国人民代表大会代表提议,可以临时召集全国人民代表大会会议。

全国人民代表大会举行会议的时候,选举主席团主持会议。

第六十二条 全国人民代表大会行使下列职权:

(一)修改宪法;

(二)监督宪法的实施;

(三)制定和修改刑事、民事、国家机构的和其他的基本法律;

(四)选举中华人民共和国主席、副主席;

(五)根据中华人民共和国主席的提名,决定国务院总理的人选;根据国务院总理的提名,决定国务院副总理、国务委员、各部部长、各委员会主任、审计长、秘书长的人选;

(六)选举中央军事委员会主席;根据中央军事委员会主席的提

名,决定中央军事委员会其他组成人员的人选;

(七)选举国家监察委员会主任;

(八)选举最高人民法院院长;

(九)选举最高人民检察院检察长;

(十)审查和批准国民经济和社会发展计划和计划执行情况的报告;

(十一)审查和批准国家的预算和预算执行情况的报告;

(十二)改变或者撤销全国人民代表大会常务委员会不适当的决定;

(十三)批准省、自治区和直辖市的建置;

(十四)决定特别行政区的设立及其制度;

(十五)决定战争和和平的问题;

(十六)应当由最高国家权力机关行使的其他职权。

第六十三条 全国人民代表大会有权罢免下列人员:

(一)中华人民共和国主席、副主席;

(二)国务院总理、副总理、国务委员、各部部长、各委员会主任、审计长、秘书长;

(三)中央军事委员会主席和中央军事委员会其他组成人员;

(四)国家监察委员会主任;

(五)最高人民法院院长;

(六)最高人民检察院检察长。

第六十四条 宪法的修改,由全国人民代表大会常务委员会或者五分之一以上的全国人民代表大会代表提议,并由全国人民代表大会以全体代表的三分之二以上的多数通过。

法律和其他议案由全国人民代表大会以全体代表的过半数通过。

第六十五条 全国人民代表大会常务委员会由下列人员组成：

委员长，

副委员长若干人，

秘书长，

委员若干人。

全国人民代表大会常务委员会组成人员中，应当有适当名额的少数民族代表。

全国人民代表大会选举并有权罢免全国人民代表大会常务委员会的组成人员。

全国人民代表大会常务委员会的组成人员不得担任国家行政机关、监察机关、审判机关和检察机关的职务。

第六十六条 全国人民代表大会常务委员会每届任期同全国人民代表大会每届任期相同，它行使职权到下届全国人民代表大会选出新的常务委员会为止。

委员长、副委员长连续任职不得超过两届。

第六十七条 全国人民代表大会常务委员会行使下列职权：

（一）解释宪法，监督宪法的实施；

（二）制定和修改除应当由全国人民代表大会制定的法律以外的其他法律；

（三）在全国人民代表大会闭会期间，对全国人民代表大会制定的法律进行部分补充和修改，但是不得同该法律的基本原则相抵触；

（四）解释法律；

（五）在全国人民代表大会闭会期间，审查和批准国民经济和社会发展计划、国家预算在执行过程中所必须作的部分调整方案；

（六）监督国务院、中央军事委员会、国家监察委员会、最高人民法院和最高人民检察院的工作；

（七）撤销国务院制定的同宪法、法律相抵触的行政法规、决定和命令；

（八）撤销省、自治区、直辖市国家权力机关制定的同宪法、法律和行政法规相抵触的地方性法规和决议；

（九）在全国人民代表大会闭会期间，根据国务院总理的提名，决定部长、委员会主任、审计长、秘书长的人选；

（十）在全国人民代表大会闭会期间，根据中央军事委员会主席的提名，决定中央军事委员会其他组成人员的人选；

（十一）根据国家监察委员会主任的提请，任免国家监察委员会副主任、委员；

（十二）根据最高人民法院院长的提请，任免最高人民法院副院长、审判员、审判委员会委员和军事法院院长；

（十三）根据最高人民检察院检察长的提请，任免最高人民检察院副检察长、检察员、检察委员会委员和军事检察院检察长，并且批准省、自治区、直辖市的人民检察院检察长的任免；

（十四）决定驻外全权代表的任免；

（十五）决定同外国缔结的条约和重要协定的批准和废除；

（十六）规定军人和外交人员的衔级制度和其他专门衔级制度；

（十七）规定和决定授予国家的勋章和荣誉称号；

（十八）决定特赦；

（十九）在全国人民代表大会闭会期间，如果遇到国家遭受武装侵犯或者必须履行国际间共同防止侵略的条约的情况，决定战争状态的宣布；

（二十）决定全国总动员或者局部动员；

（二十一）决定全国或者个别省、自治区、直辖市进入紧急状态；

（二十二）全国人民代表大会授予的其他职权。

第六十八条 全国人民代表大会常务委员会委员长主持全国人民代表大会常务委员会的工作，召集全国人民代表大会常务委员会会议。副委员长、秘书长协助委员长工作。

委员长、副委员长、秘书长组成委员长会议，处理全国人民代表大会常务委员会的重要日常工作。

第六十九条 全国人民代表大会常务委员会对全国人民代表大会负责并报告工作。

第七十条 全国人民代表大会设立民族委员会、宪法和法律委员会、财政经济委员会、教育科学文化卫生委员会、外事委员会、华侨委员会和其他需要设立的专门委员会。在全国人民代表大会闭会期间，各专门委员会受全国人民代表大会常务委员会的领导。

各专门委员会在全国人民代表大会和全国人民代表大会常务委员会领导下，研究、审议和拟订有关议案。

第七十一条 全国人民代表大会和全国人民代表大会常务委员会认为必要的时候，可以组织关于特定问题的调查委员会，并且根据调查委员会的报告，作出相应的决议。

调查委员会进行调查的时候，一切有关的国家机关、社会团体和公民都有义务向它提供必要的材料。

第七十二条 全国人民代表大会代表和全国人民代表大会常务委员会组成人员，有权依照法律规定的程序分别提出属于全国人民代表大会和全国人民代表大会常务委员会职权范围内的议案。

第七十三条 全国人民代表大会代表在全国人民代表大会开会期间，全国人民代表大会常务委员会组成人员在常务委员会开会期间，有权依照法律规定的程序提出对国务院或者国务院各部、各委员会的质询案。受质询的机关必须负责答复。

第七十四条 全国人民代表大会代表，非经全国人民代表大会会议主席团许可，在全国人民代表大会闭会期间非经全国人民代表大会常务委员会许可，不受逮捕或者刑事审判。

第七十五条 全国人民代表大会代表在全国人民代表大会各种会议上的发言和表决，不受法律追究。

第七十六条 全国人民代表大会代表必须模范地遵守宪法和法律，保守国家秘密，并且在自己参加的生产、工作和社会活动中，协助宪法和法律的实施。

全国人民代表大会代表应当同原选举单位和人民保持密切的联系，听取和反映人民的意见和要求，努力为人民服务。

第七十七条 全国人民代表大会代表受原选举单位的监督。原选举单位有权依照法律规定的程序罢免本单位选出的代表。

第七十八条 全国人民代表大会和全国人民代表大会常务委员会的组织和工作程序由法律规定。

第二节 中华人民共和国主席

第七十九条 中华人民共和国主席、副主席由全国人民代表大会选举。

有选举权和被选举权的年满四十五周岁的中华人民共和国公民可以被选为中华人民共和国主席、副主席。

中华人民共和国主席、副主席每届任期同全国人民代表大会每届任期相同。

第八十条 中华人民共和国主席根据全国人民代表大会的决定和全国人民代表大会常务委员会的决定，公布法律，任免国务院总理、副总理、国务委员、各部部长、各委员会主任、审计长、秘书长，授予国家的勋章和荣誉称号，发布特赦令，宣布进入紧急状态，宣布战争状态，发布动员令。

第八十一条 中华人民共和国主席代表中华人民共和国，进行国事活动，接受外国使节；根据全国人民代表大会常务委员会的决定，派遣和召回驻外全权代表，批准和废除同外国缔结的条约和重要协定。

第八十二条 中华人民共和国副主席协助主席工作。

中华人民共和国副主席受主席的委托，可以代行主席的部分职权。

第八十三条 中华人民共和国主席、副主席行使职权到下届全国人民代表大会选出的主席、副主席就职为止。

第八十四条 中华人民共和国主席缺位的时候，由副主席继任主席的职位。

中华人民共和国副主席缺位的时候，由全国人民代表大会补选。

中华人民共和国主席、副主席都缺位的时候，由全国人民代表大会补选；在补选以前，由全国人民代表大会常务委员会委员长暂时代理主席职位。

第三节 国 务 院

第八十五条 中华人民共和国国务院，即中央人民政府，是最高国家权力机关的执行机关，是最高国家行政机关。

第八十六条 国务院由下列人员组成：

总理，

副总理若干人，

国务委员若干人，

各部部长，

各委员会主任，

审计长，

秘书长。

国务院实行总理负责制。各部、各委员会实行部长、主任负责制。

国务院的组织由法律规定。

第八十七条　国务院每届任期同全国人民代表大会每届任期相同。

总理、副总理、国务委员连续任职不得超过两届。

第八十八条　总理领导国务院的工作。副总理、国务委员协助总理工作。

总理、副总理、国务委员、秘书长组成国务院常务会议。

总理召集和主持国务院常务会议和国务院全体会议。

第八十九条　国务院行使下列职权：

（一）根据宪法和法律，规定行政措施，制定行政法规，发布决定和命令；

（二）向全国人民代表大会或者全国人民代表大会常务委员会提出议案；

（三）规定各部和各委员会的任务和职责，统一领导各部和各委员会的工作，并且领导不属于各部和各委员会的全国性的行政工作；

（四）统一领导全国地方各级国家行政机关的工作，规定中央和省、自治区、直辖市的国家行政机关的职权的具体划分；

（五）编制和执行国民经济和社会发展计划和国家预算；

（六）领导和管理经济工作和城乡建设、生态文明建设；

（七）领导和管理教育、科学、文化、卫生、体育和计划生育工作；

（八）领导和管理民政、公安、司法行政等工作；

（九）管理对外事务，同外国缔结条约和协定；

（十）领导和管理国防建设事业；

（十一）领导和管理民族事务，保障少数民族的平等权利和民族自治地方的自治权利；

（十二）保护华侨的正当的权利和利益，保护归侨和侨眷的合法的权利和利益；

（十三）改变或者撤销各部、各委员会发布的不适当的命令、指示和规章；

（十四）改变或者撤销地方各级国家行政机关的不适当的决定和命令；

（十五）批准省、自治区、直辖市的区域划分，批准自治州、县、自治县、市的建置和区域划分；

（十六）依照法律规定决定省、自治区、直辖市的范围内部分地区进入紧急状态；

（十七）审定行政机构的编制，依照法律规定任免、培训、考核和奖惩行政人员；

（十八）全国人民代表大会和全国人民代表大会常务委员会授予的其他职权。

第九十条 国务院各部部长、各委员会主任负责本部门的工作；召集和主持部务会议或者委员会会议、委务会议，讨论决定本部门工作的重大问题。

各部、各委员会根据法律和国务院的行政法规、决定、命令，在本部门的权限内，发布命令、指示和规章。

第九十一条 国务院设立审计机关，对国务院各部门和地方各级政府的财政收支，对国家的财政金融机构和企业事业组织的财务收支，进行审计监督。

审计机关在国务院总理领导下，依照法律规定独立行使审计监督权，不受其他行政机关、社会团体和个人的干涉。

第九十二条 国务院对全国人民代表大会负责并报告工作；在全国人民代表大会闭会期间，对全国人民代表大会常务委员会负责并报告工作。

第四节 中央军事委员会

第九十三条 中华人民共和国中央军事委员会领导全国武装力量。

中央军事委员会由下列人员组成：

主席，

副主席若干人，

委员若干人。

中央军事委员会实行主席负责制。

中央军事委员会每届任期同全国人民代表大会每届任期相同。

第九十四条 中央军事委员会主席对全国人民代表大会和全国人民代表大会常务委员会负责。

第五节 地方各级人民代表大会和地方各级人民政府

第九十五条 省、直辖市、县、市、市辖区、乡、民族乡、镇设立人民代表大会和人民政府。

地方各级人民代表大会和地方各级人民政府的组织由法律规定。

自治区、自治州、自治县设立自治机关。自治机关的组织和工作根据宪法第三章第五节、第六节规定的基本原则由法律规定。

第九十六条 地方各级人民代表大会是地方国家权力机关。

县级以上的地方各级人民代表大会设立常务委员会。

第九十七条 省、直辖市、设区的市的人民代表大会代表由下一级的人民代表大会选举；县、不设区的市、市辖区、乡、民族乡、镇的人民代表大会代表由选民直接选举。

地方各级人民代表大会代表名额和代表产生办法由法律规定。

第九十八条 地方各级人民代表大会每届任期五年。

第九十九条 地方各级人民代表大会在本行政区域内，保证宪法、法律、行政法规的遵守和执行；依照法律规定的权限，通过和发布决议，审查和决定地方的经济建设、文化建设和公共事业建设的计划。

县级以上的地方各级人民代表大会审查和批准本行政区域内的国民经济和社会发展计划、预算以及它们的执行情况的报告；有权改变或者撤销本级人民代表大会常务委员会不适当的决定。

民族乡的人民代表大会可以依照法律规定的权限采取适合民族特点的具体措施。

第一百条 省、直辖市的人民代表大会和它们的常务委员会，在不同宪法、法律、行政法规相抵触的前提下，可以制定地方性法规，报全国人民代表大会常务委员会备案。

设区的市的人民代表大会和它们的常务委员会，在不同宪法、法律、行政法规和本省、自治区的地方性法规相抵触的前提下，可以依照法律规定制定地方性法规，报本省、自治区人民代表大会常务委员会批准后施行。

第一百零一条 地方各级人民代表大会分别选举并且有权罢免本级人民政府的省长和副省长、市长和副市长、县长和副县长、区长和副区长、乡长和副乡长、镇长和副镇长。

县级以上的地方各级人民代表大会选举并且有权罢免本级监察

委员会主任、本级人民法院院长和本级人民检察院检察长。选出或者罢免人民检察院检察长，须报上级人民检察院检察长提请该级人民代表大会常务委员会批准。

第一百零二条　省、直辖市、设区的市的人民代表大会代表受原选举单位的监督；县、不设区的市、市辖区、乡、民族乡、镇的人民代表大会代表受选民的监督。

地方各级人民代表大会代表的选举单位和选民有权依照法律规定的程序罢免由他们选出的代表。

第一百零三条　县级以上的地方各级人民代表大会常务委员会由主任、副主任若干人和委员若干人组成，对本级人民代表大会负责并报告工作。

县级以上的地方各级人民代表大会选举并有权罢免本级人民代表大会常务委员会的组成人员。

县级以上的地方各级人民代表大会常务委员会的组成人员不得担任国家行政机关、监察机关、审判机关和检察机关的职务。

第一百零四条　县级以上的地方各级人民代表大会常务委员会讨论、决定本行政区域内各方面工作的重大事项；监督本级人民政府、监察委员会、人民法院和人民检察院的工作；撤销本级人民政府的不适当的决定和命令；撤销下一级人民代表大会的不适当的决议；依照法律规定的权限决定国家机关工作人员的任免；在本级人民代表大会闭会期间，罢免和补选上一级人民代表大会的个别代表。

第一百零五条　地方各级人民政府是地方各级国家权力机关的执行机关，是地方各级国家行政机关。

地方各级人民政府实行省长、市长、县长、区长、乡长、镇长负责制。

第一百零六条 地方各级人民政府每届任期同本级人民代表大会每届任期相同。

第一百零七条 县级以上地方各级人民政府依照法律规定的权限，管理本行政区域内的经济、教育、科学、文化、卫生、体育事业、城乡建设事业和财政、民政、公安、民族事务、司法行政、计划生育等行政工作，发布决定和命令，任免、培训、考核和奖惩行政工作人员。

乡、民族乡、镇的人民政府执行本级人民代表大会的决议和上级国家行政机关的决定和命令，管理本行政区域内的行政工作。

省、直辖市的人民政府决定乡、民族乡、镇的建置和区域划分。

第一百零八条 县级以上的地方各级人民政府领导所属各工作部门和下级人民政府的工作，有权改变或者撤销所属各工作部门和下级人民政府的不适当的决定。

第一百零九条 县级以上的地方各级人民政府设立审计机关。地方各级审计机关依照法律规定独立行使审计监督权，对本级人民政府和上一级审计机关负责。

第一百一十条 地方各级人民政府对本级人民代表大会负责并报告工作。县级以上的地方各级人民政府在本级人民代表大会闭会期间，对本级人民代表大会常务委员会负责并报告工作。

地方各级人民政府对上一级国家行政机关负责并报告工作。全国地方各级人民政府都是国务院统一领导下的国家行政机关，都服从国务院。

第一百一十一条 城市和农村按居民居住地区设立的居民委员会或者村民委员会是基层群众性自治组织。居民委员会、村民委员会的主任、副主任和委员由居民选举。居民委员会、村民委员会同基层政权的相互关系由法律规定。

居民委员会、村民委员会设人民调解、治安保卫、公共卫生等委员会，办理本居住地区的公共事务和公益事业，调解民间纠纷，协助维护社会治安，并且向人民政府反映群众的意见、要求和提出建议。

第六节 民族自治地方的自治机关

第一百一十二条 民族自治地方的自治机关是自治区、自治州、自治县的人民代表大会和人民政府。

第一百一十三条 自治区、自治州、自治县的人民代表大会中，除实行区域自治的民族的代表外，其他居住在本行政区域内的民族也应当有适当名额的代表。

自治区、自治州、自治县的人民代表大会常务委员会中应当有实行区域自治的民族的公民担任主任或者副主任。

第一百一十四条 自治区主席、自治州州长、自治县县长由实行区域自治的民族的公民担任。

第一百一十五条 自治区、自治州、自治县的自治机关行使宪法第三章第五节规定的地方国家机关的职权，同时依照宪法、民族区域自治法和其他法律规定的权限行使自治权，根据本地方实际情况贯彻执行国家的法律、政策。

第一百一十六条 民族自治地方的人民代表大会有权依照当地民族的政治、经济和文化的特点，制定自治条例和单行条例。自治区的自治条例和单行条例，报全国人民代表大会常务委员会批准后生效。自治州、自治县的自治条例和单行条例，报省或者自治区的人民代表大会常务委员会批准后生效，并报全国人民代表大会常务委员会备案。

第一百一十七条 民族自治地方的自治机关有管理地方财政的自治权。凡是依照国家财政体制属于民族自治地方的财政收入，都应当由民族自治地方的自治机关自主地安排使用。

第一百一十八条 民族自治地方的自治机关在国家计划的指导下，自主地安排和管理地方性的经济建设事业。

国家在民族自治地方开发资源、建设企业的时候，应当照顾民族自治地方的利益。

第一百一十九条 民族自治地方的自治机关自主地管理本地方的教育、科学、文化、卫生、体育事业，保护和整理民族的文化遗产，发展和繁荣民族文化。

第一百二十条 民族自治地方的自治机关依照国家的军事制度和当地的实际需要，经国务院批准，可以组织本地方维护社会治安的公安部队。

第一百二十一条 民族自治地方的自治机关在执行职务的时候，依照本民族自治地方自治条例的规定，使用当地通用的一种或者几种语言文字。

第一百二十二条 国家从财政、物资、技术等方面帮助各少数民族加速发展经济建设和文化建设事业。

国家帮助民族自治地方从当地民族中大量培养各级干部、各种专业人才和技术工人。

第七节 监察委员会

第一百二十三条 中华人民共和国各级监察委员会是国家的监察机关。

第一百二十四条 中华人民共和国设立国家监察委员会和地方各级监察委员会。

监察委员会由下列人员组成：

主任，

副主任若干人，

委员若干人。

监察委员会主任每届任期同本级人民代表大会每届任期相同。国家监察委员会主任连续任职不得超过两届。

监察委员会的组织和职权由法律规定。

第一百二十五条 中华人民共和国国家监察委员会是最高监察机关。

国家监察委员会领导地方各级监察委员会的工作，上级监察委员会领导下级监察委员会的工作。

第一百二十六条 国家监察委员会对全国人民代表大会和全国人民代表大会常务委员会负责。地方各级监察委员会对产生它的国家权力机关和上一级监察委员会负责。

第一百二十七条 监察委员会依照法律规定独立行使监察权，不受行政机关、社会团体和个人的干涉。

监察机关办理职务违法和职务犯罪案件，应当与审判机关、检察机关、执法部门互相配合，互相制约。

第八节 人民法院和人民检察院

第一百二十八条 中华人民共和国人民法院是国家的审判机关。

第一百二十九条 中华人民共和国设立最高人民法院、地方各级人民法院和军事法院等专门人民法院。

最高人民法院院长每届任期同全国人民代表大会每届任期相同，连续任职不得超过两届。

人民法院的组织由法律规定。

第一百三十条 人民法院审理案件，除法律规定的特别情况外，一律公开进行。被告人有权获得辩护。

第一百三十一条 人民法院依照法律规定独立行使审判权,不受行政机关、社会团体和个人的干涉。

第一百三十二条 最高人民法院是最高审判机关。

最高人民法院监督地方各级人民法院和专门人民法院的审判工作,上级人民法院监督下级人民法院的审判工作。

第一百三十三条 最高人民法院对全国人民代表大会和全国人民代表大会常务委员会负责。地方各级人民法院对产生它的国家权力机关负责。

第一百三十四条 中华人民共和国人民检察院是国家的法律监督机关。

第一百三十五条 中华人民共和国设立最高人民检察院、地方各级人民检察院和军事检察院等专门人民检察院。

最高人民检察院检察长每届任期同全国人民代表大会每届任期相同,连续任职不得超过两届。

人民检察院的组织由法律规定。

第一百三十六条 人民检察院依照法律规定独立行使检察权,不受行政机关、社会团体和个人的干涉。

第一百三十七条 最高人民检察院是最高检察机关。

最高人民检察院领导地方各级人民检察院和专门人民检察院的工作,上级人民检察院领导下级人民检察院的工作。

第一百三十八条 最高人民检察院对全国人民代表大会和全国人民代表大会常务委员会负责。地方各级人民检察院对产生它的国家权力机关和上级人民检察院负责。

第一百三十九条 各民族公民都有用本民族语言文字进行诉讼的权利。人民法院和人民检察院对于不通晓当地通用的语言文字的诉讼参与人,应当为他们翻译。

在少数民族聚居或者多民族共同居住的地区,应当用当地通用的语言进行审理;起诉书、判决书、布告和其他文书应当根据实际需要使用当地通用的一种或者几种文字。

第一百四十条　人民法院、人民检察院和公安机关办理刑事案件,应当分工负责,互相配合,互相制约,以保证准确有效地执行法律。

第四章　国旗、国歌、国徽、首都

第一百四十一条　中华人民共和国国旗是五星红旗。

中华人民共和国国歌是《义勇军进行曲》。

第一百四十二条　中华人民共和国国徽,中间是五星照耀下的天安门,周围是谷穗和齿轮。

第一百四十三条　中华人民共和国首都是北京。

2. 全国人民代表大会常务委员会关于实行宪法宣誓制度的决定

(2015年7月1日第十二届全国人民代表大会常务委员会第十五次会议通过　2018年2月24日第十二届全国人民代表大会常务委员会第三十三次会议修订)

宪法是国家的根本法,是治国安邦的总章程,具有最高的法律地位、法律权威、法律效力。国家工作人员必须树立宪法意识,恪守宪法原则,弘扬宪法精神,履行宪法使命。为彰显宪法权威,激励和教育国家工作人员忠于宪法、遵守宪法、维护宪法,加强宪法实施,全国人民代表大会常务委员会决定：

一、各级人民代表大会及县级以上各级人民代表大会常务委员会选举或者决定任命的国家工作人员，以及各级人民政府、监察委员会、人民法院、人民检察院任命的国家工作人员，在就职时应当公开进行宪法宣誓。

二、宣誓誓词如下：

我宣誓：忠于中华人民共和国宪法，维护宪法权威，履行法定职责，忠于祖国、忠于人民，恪尽职守、廉洁奉公，接受人民监督，为建设富强民主文明和谐美丽的社会主义现代化强国努力奋斗！

三、全国人民代表大会选举或者决定任命的中华人民共和国主席、副主席，全国人民代表大会常务委员会委员长、副委员长、秘书长、委员，国务院总理、副总理、国务委员、各部部长、各委员会主任、中国人民银行行长、审计长、秘书长，中华人民共和国中央军事委员会主席、副主席、委员，国家监察委员会主任，最高人民法院院长，最高人民检察院检察长，以及全国人民代表大会专门委员会主任委员、副主任委员、委员等，在依照法定程序产生后，进行宪法宣誓。宣誓仪式由全国人民代表大会会议主席团组织。

四、在全国人民代表大会闭会期间，全国人民代表大会常务委员会任命或者决定任命的全国人民代表大会专门委员会个别副主任委员、委员，国务院部长、委员会主任、中国人民银行行长、审计长、秘书长，中华人民共和国中央军事委员会副主席、委员，在依照法定程序产生后，进行宪法宣誓。宣誓仪式由全国人民代表大会常务委员会委员长会议组织。

五、全国人民代表大会常务委员会任命的全国人民代表大会常务委员会副秘书长，全国人民代表大会常务委员会工作委员会主任、副主任、委员，全国人民代表大会常务委员会代表资格审查委员会主任委员、副主任委员、委员等，在依照法定程序产生后，进行宪法宣誓。宣誓仪式由全国人民代表大会常务委员会委员长会议组织。

六、全国人民代表大会常务委员会任命或者决定任命的国家监察委员会副主任、委员，最高人民法院副院长、审判委员会委员、庭长、副庭长、审判员和军事法院院长，最高人民检察院副检察长、检察委员会委员、检察员和军事检察院检察长，中华人民共和国驻外全权代表，在依照法定程序产生后，进行宪法宣誓。宣誓仪式由国家监察委员会、最高人民法院、最高人民检察院、外交部分别组织。

七、国务院及其各部门、国家监察委员会、最高人民法院、最高人民检察院任命的国家工作人员，在就职时进行宪法宣誓。宣誓仪式由任命机关组织。

八、宣誓仪式根据情况，可以采取单独宣誓或者集体宣誓的形式。单独宣誓时，宣誓人应当左手抚按《中华人民共和国宪法》，右手举拳，诵读誓词。集体宣誓时，由一人领誓，领誓人左手抚按《中华人民共和国宪法》，右手举拳，领诵誓词；其他宣誓人整齐排列，右手举拳，跟诵誓词。

宣誓场所应当庄重、严肃，悬挂中华人民共和国国旗或者国徽。宣誓仪式应当奏唱中华人民共和国国歌。

负责组织宣誓仪式的机关，可以根据本决定并结合实际情况，对宣誓的具体事项作出规定。

九、地方各级人民代表大会及县级以上地方各级人民代表大会常务委员会选举或者决定任命的国家工作人员，以及地方各级人民政府、监察委员会、人民法院、人民检察院任命的国家工作人员，在依照法定程序产生后，进行宪法宣誓。宣誓的具体组织办法由省、自治区、直辖市人民代表大会常务委员会参照本决定制定,报全国人民代表大会常务委员会备案。

十、本决定自2018年3月12日起施行。